辽宁省教育科学规划重点研究基地标志性成果选题资助项目

卓越法律人才教育培养模式与实现路径研究

单晓华　韩　涛 / 著

ZHUOYUE FALü RENCAI JIAOYU PEIYANG MOSHI
YU SHIXIAN LUJING YANJIU

知识产权出版社
全国百佳图书出版单位

图书在版编目（CIP）数据

卓越法律人才教育培养模式与实现路径研究 / 单晓华，韩涛著．—北京：知识产权出版社，2015.5

ISBN 978-7-5130-3548-4

Ⅰ.①卓… Ⅱ.①单… ②韩… Ⅲ.①法律—人才培养—培养模式—研究—中国 Ⅳ.①D926.17

中国版本图书馆 CIP 数据核字（2015）第 116864 号

责任编辑：雷春丽　　　　责任校对：董志英

封面设计：SUN 工作室　韩建文　　　　责任出版：卢运霞

卓越法律人才教育培养模式与实现路径研究

单晓华　韩　涛　著

出版发行：知识产权出版社有限责任公司　　网　址：http：//www. ipph. cn

社　址：北京市海淀区马甸南村 1 号　　邮　编：100088

责编电话：010-82000860 转 8004　　责编邮箱：leichunli@ cnipr. com

发行电话：010-82000860 转 8101/8102　　发行传真：010-82000893/82005070/82000270

印　刷：北京科信印刷有限公司　　经　销：各大网上书店、新华书店及相关销售网点

开　本：787mm×1092mm　1/16　　印　张：10

版　次：2015 年 5 月第 1 版　　印　次：2015 年 5 月第 1 次印刷

字　数：138 千字　　定　价：38.00 元

ISBN 978-7-5130-3548-4

目 录

Contents

第一章　当代法律职业与法学教育的症结

一、当代中国法律人才的状况

改革开放30多年来，在依法治国方略的推动下，我国逐步建立起布局、结构、层次比较完整和发达的法律人才培养体系，为建设法治和繁荣法学作出了贡献。但目前仍存在法律人才的数量、质量不能满足政法队伍建设的实际需求等问题。目前，我国法律人才的现状呈现出以下几个特征。

（一）法官总体数量偏少

当前，人民法院案件数量大幅增长，与此同时，法官数量没有相应增加，导致案多人少的矛盾十分尖锐。据《2015年最高人民法院工作报告》，2014年最高人民法院受理案件11 210件，审结9 882件，比2013年分别上升1.8%和1.7%；地方各级人民法院受理案件1 565.1万件，审结、执结1 379.7万件，结案标的额2.6万亿元，同比分别上升10.1%、6.6%和15.7%。[①] 而同年国内法官数为19.88万人。[②] 以江苏法院为例，2014年江苏省法院共受理案件1 392 440件，审执结1 165 234件，两组数据均居全国

---

① 《2015年最高人民法院工作报告》，2013年3月12日。

② “为什么司法改革来了，法官却要跑了?”，载 http：//www.52rkl.cn/fenghuangzhidao/0HS42162014.html，最后访问日期：2015年4月20日。

法院首位，一线法官人均受理案件数达194.07件，办案压力持续增大。在上海，一位法官一年平均要办理150件案件，按照每年平均250个工作日计算，每位法官每1.6天就要办理一件案件。此外，仅2014年，上海法院系统共有105人离职，其中86人为法官，法官流失人数较2013年同比上升91.1%。流失的法官呈现“高学历、年轻化”倾向，且多为审判一线部门的业务骨干。这86名法官中，有17个审判长，43人拥有硕士以上学历，63人是年富力强的70后中青年法官。①

2014年4月，江苏省无锡市滨湖区人民法院对该院50多名具有法官职称的法官进行了调研，并提交了一份《法官工作状况实际调查——负重坚守期盼：基层法官职业心态调查报告》。该调查报告显示，中国基层法官约有2.3万名。“就是这支不足全国法官总人数1/10的队伍，审案数量却接近全国总量的1/4。”法官从事审判执行工作的事件占比为60.6%，司法辅助工作占9.4%，涉诉信访占5.3%，业务培训、走访联企、进社区法治宣讲、维稳与处理突发事件等工作占23.7%。在现实中，法官有限的时间、精力被大量审判实务以外的负担牵制。②

随着司法法治化进程的深入推进，法官审理案件的程序更加严密，司法规范化的要求渗透到案件审理的每个环节，法官必须严格按照精细的程序和操作规则来审理每一件案件。此外，法官还必须切实做好利益平衡、诉讼调解、诉讼指导、法律释明、判后答疑、教育息诉等各项工作，法官审理个案的工作量明显增加。案多人少的尖锐矛盾，已经严重制约了人民司法事业的发展。面对沉重的办案压力，广大法官忙于尽快办结案件，没有过多的时间对案件精雕细琢，难免导致有些案件办理质量不高，办理效

---

① 王烨捷、周凯：“上海司改为留住青年法官开出‘药方’”，载《中国青年报》2015年4月20日，第1版。

② 庄庆鸿：“多数法官愿做有尊严的法官，不想当官”，载《中国青年报》2014年12月12日，第8版。

果不尽如人意。①

（二）律师职业水平偏低

在现代社会中，随着经济的发展和文明的进步，律师在社会生活的各个领域发挥着越来越重要的作用，律师职业对社会的发展有着不可替代的影响。律师在维护当事人合法权益、推动社会民主与法治进程、促进市场经济发展这三方面具有重要意义。因而，律师的职业水平在此就显得尤为重要。目前我国律师职业水平呈现出偏低的状态。

律师职业水平有差异是自然态势，但是到目前为止我国律师职业水平不仅差距大，而且整体水平也不高，这就不得不令我们深思。随着高校法律专业的普及，学法之人何其多，但是精通者却少之又少。另外，在法律实务中，因各种非法学知识而受限，比如专利代理人只对具有理工科学历的人员开放，涉外业务所需要的专业法律外语翻译等。然而，国外与我国不同，国外则要求本科学历非法学才可攻读法律，其整套教育培养机制使律师基本执业水平较高，不同于我国的复制品教育成果。律师职业具有很强的法律专业性和社会实践性。提升律师整体的专业水平，有利于推进法治化进程。

（三）复合型职业法律人才短缺

培养高层次复合型的法律人才是各国面向21世纪高等法律教育发展战略中的最主要议题，我国也不例外。每个时代对人才的需求无不客观地反映这个时代的脉络和特征，现代社会生活已经使我们切身体会到，法律正在以极快的速度不断地渗入我们生活的各个方面。现如今，许多法律问题的处理不再是一些单纯的法律问题的应对，它需要从事法律工作的人不仅具有扎实的法律基础知识，而且具有与实际问题相关的一些专业知识并灵活加以运用。可见，现代社会期待复合型法律人才。另外，我国的法制建

---

① 公丕祥：“变革时代的司法需求与卓越法律人才教育培养计划”，载《法学教育研究》2013年第1期。

设同样也期待复合型法律人才的出现。法律环境的建设离不开法律人才的培养，因而着重培养复合型法律人才对于推进经济体制改革、发展社会主义市场经济具有重要意义。

但是，现如今，我国不仅法律人才数量少，而且高层次、高素质、复合型法律人才短缺尤为严重，单一型的法律工作者已很难适应市场需要，培养复合型法律人才成为大势所趋。金融、房地产、知识产权、高科技开发等法律业务和涉外法律业务日益激增，然而能胜任这些跨专业法律业务的法律工作者又凤毛麟角。由此可见，社会的发展需要更多既懂法律、又懂科技、懂经济、懂外语的高层次、复合型的法律人才。

（四）职业道德意识尚需强化

任何一个行业都需要有自己的职业道德，法律职业也不例外。法律职业道德的养成对于整个法律行业的健康发展具有重要的促进作用。法律职业道德是法律职业从业人员所应当遵守的职业道德规范。法律职业在我国起步并不是很早，但法律职业近年的发展与我国的法学教育一样很迅速。在这个时候需要注重法律职业道德的培养，良好的法律职业道德能够帮助法律行业在社会中树立良好的行业形象，使法律职业能够持续发展，吸引更多的有识之士加入这个行业，同时良好的法律职业道德有助于防止职业腐败、司法腐败。[①] 法律职业道德的重要性显而易见。

目前在我国，法官职业道德问题也越来越引起人们的广泛关注。人们所指责的司法不公问题，虽与少数法官法律素养不高、司法能力不强有关，但更多的则是个别法官职业道德低下造成的。个别法官徇私舞弊，枉法裁判，拿法律原则做交易，对人民司法事业产生了极大的损害。一些案件虽然不属于裁判错误或程序违法，但在某些具体的审判和执行环节上，法官司法行为不规范，引起人民群众对司法公正的质疑。少数法

---

① 张月明："论复合型法律人才的培养"，载《广西大学学报（哲学社会科学版）》2005年第4期。

官不适当行使自由裁量权，极个别法官甚至滥用自由裁量权，损害了人民法院的司法公信力。少数法官职业形象意识不够强，在庭审、听证、调查、接访等工作中，司法礼仪不周，行为举止失当，群众对此有所反映。

综上，为了维护司法公平、公正的形象，我们应强化法律工作者的职业道德意识，以使其更好地为人民服务。

二、中国法学教育的现状

经过30多年的发展，我国法学教育取得了长足的进步，无论是教学计划，还是课程设置等方面都发生了显著的变化。可以说，我国的法学教育在不断地进步。但在这些年的发展中仍然存在一些问题，使得我国并没有完全走上法律职业化的道路，主要表现在以下几个方面。

（一）法学人才教育理念定位僵化，培养目标不明确

法学教育作为大学教育的重要组成部分，存在“理想主义”和“现实主义”之争。而且，由于法学教育的专业化、职业化特征，使得这种矛盾尤为凸显。有人认为，法学教育是以传授知识、训练法律思维、培养合格法律专业人才为内容的教育活动。① 也有人认为，法学教育的基本目的在于使法律人能够认识法律，具有法律思维、解决争议的能力。② 无论各位学者是如何表述的，可以看出在法学教育理念上都表现出“理想主义”与“现实主义”的挣扎与融合。其挣扎表现在二者在教育模式、教育手段、教育内容等方面都有不同；而融合则表现在，随着我国社会经济的高速发展，培养既具有较高公民素质又具有专门技术的合格人才成为法学教育的不二选择。实际上，随着人们对法学教育理念认识的不断深化，以美国、加拿大为代表的实行职业法学教育模式与以英国、法国、日本等为代表的

---

① 张文显：《法理学》，高等教育出版社、北京大学出版社1999年版，第7页。
② 王泽鉴：《法律思维与民法实例》，中国政法大学出版社2001年版，第18页。

实行素质法学教育模式之间的传统界限正在发生变化，出现了相互融合的趋势。[①] 由此可知，我们不应固守传统的、僵化的法学人才教育理念，应以“理想主义”的素质教育为基础，以“现实主义”的职业教育为补充，实现二者相互促进、相互依存的融合。

目前我国高等法学教育人才培养的目标定位存在很大的困扰。首先，许多学校的法学教育都把职业化人才培养作为自身的目标，以培养法官、检察官、律师等专业人才为目标；其次，许多学校实际上并不具备培养职业化法律人才的条件，多层次、多级别的人才培养机制使目前法律人才的培养水准差别悬殊；最后，由于本科法学教育只有4年的时间，学生实际上是不可能完成职业化教育所需要的知识和技能培训，因此造成人才培养与职业化人才的素质要求严重脱节的现象。

（二）法学人才培养模式相对单一

当前法学教育普遍注重灌输法律知识，学习方式主要是课堂教学，学生的知识来源不是课本就是老师的讲解，而且方式上大多是被动地记忆。这样的方式可以使学生系统地掌握法律知识，但是从始至终都没有或者很少有自己的想法和理解，老师说什么就什么，课本分析什么就是什么，不知道也不习惯自己独立去分析问题，只是被动地接受和记忆，而不是主动地、批判地看待问题。然而法律工作者最主要、最需要、最不可或缺的就是批判精神。同时，我国法学教师多数是从学校到学校、从理论到理论，他们自身都缺乏实践经验。另外，我国现有的高校教师评价标准主要是科研成果和理论文章，至于符合法学专业特点的实践经验的积累却不能作为评定依据。更何况，在我国，法学教师承担法学专业学生培养的主要任务，欠缺实践经验的老师如何能培养出不欠缺实践能力的学生呢？即使现有为数不多的能力培养课程，也很少有类似于法律诊所、法庭调解、法庭辩护或者是律师实习等这样的课程。虽然有近

① 韩大元：“当代法学教育改革趋势”，载《中国大学教育》2003年第10期。

半年的实习期，但学生因考研、就业等各种毕业事项的压力而难以重视；实习机构对实习生实践能力不太信任，更不愿意为其承担风险和投入成本，即使是接纳实习生所谓的职业技能训练，往往也是打杂或是流于形式。

（三）法学理念教育、职业伦理教育不够深入

“理念”一词首先是由柏拉图提出的。他把理念看成是具体事物追求的理想和目标，是具体事物得以存在的根据。法学理念即法的理想，是对法的应然性研究。它主要研究法之为法的范式，揭示法的价值取向、价值目标，为评定实在法提供价值标准，为改善和完善法律制度提供理想模式。现代性的法学理念主要来源于西方古典自然法。古典自然法学家们提出的一系列法的价值和理想对我们今天树立现代性的法学理念有许多借鉴和启迪意义。我国现在正处于由传统社会向现代社会过渡的历史嬗变时期，建立社会主义法治国家是党和国家的中心任务之一，时代正在呼唤对法的理性建构。因此对法的理想与价值的研究有重要意义，它使法具有前瞻性和终极性关怀。综上可知，法学理念的教育对于卓越法律人才培养的重要性。然而，在我国，由于对法学理念教育的忽视，导致大部分的高等院校对于法学理念这部分的教育不够深入。

法律职业伦理教育应当是法学教育的重要内容，但我国的法学教育一直对法律职业伦理教育没有给予足够的重视。法律职业伦理教育具有不可替代的育人功能和社会功能，它对于塑造法学专业学生的综合素质、提高职业技能、提升发展能力发挥着重要的作用。法律职业伦理教育还有助于培育法律职业群体、净化社会法治环境、推动社会文明进步。[①] 因此，在法学专业学生的教育中，法律职业伦理教育应贯穿于法学教育的始终。

加强法律职业伦理教育，能使法律职业者对职业道德规范的内涵、具

① 白云、苗正达、王英喆：“论法律职业伦理教育的功能”，载《继续教育研究》2008年第10期。

体要求和精神实质有明确和深刻的体会，方法得当的职业伦理教育可以把对法律职业者的外在职业规范和道德要求内化为法律职业者内心的道德水准和个人品德追求目标。因此，法律职业伦理教育能促使法律职业者严格按照法律衡量是非、将法律作为评判标准，以此约束自己的行为。但是由于我们在法律职业伦理教育方面做得不够，法律教育体系中的高等法学教育、法律职业培训和司法考试中都不约而同地缺失了对法律职业伦理的教育和培养，这在很大程度上导致了法律职业者职业良心和职业荣誉感的缺失。[①] 有些人错误地认为，他们从事的法律实务工作仅仅成了法律技术工作，而在技术操作上出现问题只是操作过程的疏忽和失误，没有从法律职业的职业责任和职业使命的角度来认识，降低了职业伦理的标准，丧失了道德操守，从而形成了司法腐败。

（四）学生综合素质差，实践能力不强

现阶段，我国法律人才无论从数量上还是从质量上，还远远不能适应我国社会主义现代化建设和依法治国的需要。随着知识经济社会的到来，要求我国的民主法制建设的进程必须加快，这就对法律人才的综合素质提出了更高的要求。因而，培养和造就一大批适应时代需要的高质量法律人才，是摆在我国高等法学教育面前的一项艰巨而迫切的任务。[②] 根据法律教学实践的反馈，现如今我国法律专业学生整体表现出综合素质欠缺、实践能力薄弱的特点。

系统的法学教育所培养的法律知识体系、话语系统、价值取向、思维方式、工作技能、道德品质等具有先天性和定在性，同时对法律职业者的职业生涯自始至终产生决定性的影响。因此，进一步加强法律人才的培养应当从改革和完善法学教育入手。由此可见，法学教育对于卓越法律人才培养计划所强调的复合型法律人才的培养具有着重要的作用。但是，现如

① 徐雅飒："试论当前我国法律职业伦理的缺失与应对策略"，载《河南工程学院学报（社会科学版）》2010 年第 1 期。

② 陆欣："关于法律专业学生综合素质培养的探讨"，载《中国冶金教育》2002 年第 1 期。

今我国的法学教育也呈现出一些弊端。例如，学生对法学基础知识掌握不牢固，综合运用法学知识的能力欠佳。大部分法学专业的学生对于法学基础理论的学习只注重对法条的死记硬背，忙于应付考试，考试及格后，弃之脑后，更谈不上综合分析和运用了；同时，法学专业的学生缺乏广泛的社会知识和常识，因而常常会出现对案情的错误判断；具备语言的运用表达能力和科学的思维方式也是对法律工作者的基本要求，可在现实中由于这两种能力的欠缺也常常导致法学专业的学生对案件无从下手。

另外，我国法律专业的学生除综合素质欠缺外，在实践能力方面也体现出薄弱之处。法律学生的实践能力，概括地讲，是指法律学生针对案件事实，运用所学法律知识原理，通过法律分析，正确地适用法律条文，提出有关司法建议或参与法律事务活动，参与诉讼并解决实际问题的能力。但由于我国的法学人才培养模式相对单一，法学教育普遍注重灌输法律知识，忽视实践能力培养，因而，大部分学生不具备运用法学知识解决相关法律问题的能力，在实践能力方面是很薄弱的。

（五）复合型精英法律职业人才培养不足

从宏观上看，现代法学教育最基本的挑战即对于复合型精英法律职业人才培养不足，法学院的产品（主要是毕业生和学术成果，并且这两者常常是交织在一起的）能否满足中国社会发展需要的问题。具体说来，就是法学教育如何能面对正在发生的社会转型和经济的迅速发展，培养出法律精英，向市场提供优质的法律人才。由于这个社会转型时间可能会持续20年甚至更久，因此，这个挑战也会持续相当长的时间。就毕业生而言，中国法学院的产品还不能满足社会的急迫需求，同时表现为产品的紧缺和过剩。紧缺的是两端，过剩的是中间产品。就高端、顶尖的法律人才而言，目前表现得最明显的是国际、国内经济事务上的法律人才，但是在未来，很可能还会欠缺参与治理国家、决定对内对外政策的高端法律人才。一个明显的例证是，有关国家的经济问题的立法中，往往扮演主要角色的是一些经济学家，包括中青年一代的经济学家，却较少看到法律家的影子。最高人民法院的一些有关经济、商业的判决往往引发了重大的经济争议。在一些重大的社会问题上，由于现代学术体制割裂了决策和决策责任之间的联系，法律人似乎也缺乏对决策后果的足够考量。有些司法改革的措施不仅不到位，往往还带来了更大的问题。

在当代中国，一方面，法律人似乎更多扮演的是一种社会活动家和改革推动者的角色，而较少具备实际贯彻并取得可欲后果的技能，不能满足中国的需要。另一方面，法学教育还不能满足中国农村或经济相对落后地区的法治需要。中国是一个大国，民族众多，各地政治经济文化发展不平衡，因此，在追求法律统一的条件下，司法者必须尽可能使法律适应当地的情况，有效解决现实生活中的问题；但是现在法学院的毕业生凭着从法学院获得的知识往往根本无法做到这一点。在中国的最基层法院，在西部地区，甚至东部的相对落后的地区，由于当地的支付能力有限和法学院毕业生的知识不对路，同样出现了法学院毕业生的稀缺。很多中西部地区，每个县往往只有一两位律师，甚至不能建立一个律师事务所，更有甚者连法官队伍的正常更替都难以保证。与此同时，在中国东部，特别是沿海大城市，已经出现了法学毕业生的相对过剩，表现为法学院毕业生找工作越来越难，工作的工资水平也与毕业生的预期相差越来越大。这些问题当然并非法学教育造成的，也无法由法学教育来解决。但是它至少证明了法学教育面临着因社会发展而带来的尖锐挑战。法学教育有必要作出相应的调整，以培养出精英法律人来应对现实的需要。

三、变革时代对法律人才的要求

（一）法治国家建设与司法体制改革对法律人才的要求

十八届四中全会指出，必须全面推进依法治国。建设法治国家已成为当前中国的重要任务。法律人才是建设法治国家的第一资源，因而在新形势下我们对法律人才有着新的要求。推进依法治国必须大力提高法治工作队伍的思想政治素质、业务工作能力、职业道德水准，着力建设一支忠于党、忠于国家、忠于人民、忠于法律的社会主义法治工作队伍。建设高素质法治专门队伍，把思想政治建设摆在首位，加强立法队伍、行政执法队伍、司法队伍建设，畅通立法、执法、司法部门干部和人才相互之间以及与其他部门具备条件的干部和人才交流渠道，推进法治专门队伍正规化、专业化、职业化，完善法律职业准入制度，建立从符合条件的律师、法学专家中招录立法工作者、法官、检察官制度，健全从政法专业毕业生中招录人才的规范便捷机制，完善职业保障体系。加强法律服务队伍建设，增强广大律师走中国特色社会主义法治道路的自觉性和坚定性，构建社会律师、公职律师、公司律师等优势互补、结构合理的律师队伍。创新法治人才培养机制，形成完善的中国特色社会主义法学理论体系、学科体系、课程体系，推动中国特色社会主义法治理论进教材、进课堂、进头脑，培养熟悉和坚持中国特色社会主义法治体系的法治人才及后备力量。

（二）法律职业共同体构建对法律人才的要求

法律职业共同体的形成需要相关的社会条件，也需要一定的观念基础。法律职业共同体是法律人的共同体。就法律职业共同体所依赖的社会条件来说，它并不是法律人所能掌控的，有时法律人也无能为力。但是法律人所能做的是自己努力。① 法律人实际行动之思想基础就是法律人职业共同体观念的认同。观念的认同主要包括具有共同的价值精神、法律信仰和法律理性。

1. 共同的价值精神

世界观、人生观、价值观对于任何社会、组织都是特别重要的。对于个体来说，也许更为重要。对于一个集体及其成员来说，共同的价值诉求是必不可少的。价值观是一个群体得以凝结的精神因素。法律职业共同体

---

① 卓泽渊："法律人的价值精神、法律信仰和法律理性——法律职业共同体的观念基础"，载《中国法律评论》2014 年第 3 期。

的形成必须以法律人共同的价值诉求作为精神依据。没有对于公平、正义、自由、平等、人权等重要价值目标的基本认知与认同，法律职业共同体是无法形成的。

2. 共同的法律信仰

法律人作为法律职业共同体的构成元素，必须具有对于法律的信仰。在法律人那里，法律不是能不能信仰的问题，而是必须被信仰。人类需要信仰作为精神支柱。信仰是人类幸福的重要源泉，它能为人类的内心与行动提供具有感召力的推动力量。人类信仰的内容十分丰富，法律是人们在法律社会生活中所应当具有的重要信仰之一。另外，法律信仰是法律职业共同体能够在法律上达成一致的桥梁。法律职业共同体成员之间会有诸多差异，并由此引发分歧，具有共同的法律信仰会促使不同的法律人达成一致、放下分歧，彼此认同。

3. 共同的法律理性

法律的产生可能在一定程度上与非理性相联系，但在总体上，法律是理性的产物。由法律人所组成的法律职业共同体，更应该具有对法律的理性认识。法律职业共同体的共同理性，除了他们与常人无异的认识能力外，更有专业素养内涵。他们具有常人所不及的法律知识基础和工作环境，对于法律上的是与非、对与错、合法与不合法、犯罪与不犯罪具有更大可能与更高程度的一致认识。

（三）法学教育与改革对法律人才的要求

党的十八大报告中关于法治建设方面有许多新思想和新论述，从这些思想和论述中可以看出新时期党和国家对于法治的关心与重视，同样也对法律人才提出了新的要求。

从广义上来看，法律人才应当包括法学学术人才和法律职业人才。从教育部和中央政法委联合颁布的《关于实施卓越法律人才教育培养计划的若干意见》来看，法律人才主要是指法律职业人才。一种职业的产生来自一定的社会需求，有什么样的社会需求，就会产生什么样的职业。因此，职业人才的评价标准应当与相应的社会需求密切关联。纵观法学的教育与改革以及十八大中的法治中国建设，我们可以看出，新时期的法律人才需要具备忠诚的政治本色、坚实的法律素养、高超的法律技能、真挚的为民情怀、宽厚的人文底蕴、良好的职业形象。唯有培养出这样一批高素质、高质量的法律人才，才可能更好地做到“以事实为依据、以法律为准绳”，切实地维护社会的公平与正义，更好地维护司法权威。

第二章　卓越法律人才教育培养的定位与标准

一、“卓越法律人才教育培养计划”推动法学教育改革

（一）“卓越法律人才教育培养计划”与法学教育改革

2011年12月，教育部、中央政法委联合颁布了《关于实施卓越法律人才培养计划的若干意见》（教高〔2011〕10号）文件，对实施卓越法律人才教育计划作出了整体战略性部署。从该文件可以看出的一个基本立场是，我国高等法学教育培养模式相对单一，学生实践能力不强，应用型、复合型法律职业人才培养不足。提高人才培养质量成为我国高等法学教育改革发展最核心最紧迫的任务。这一官方评价也体现出，“培养模式单一”、“实践能力不强”、“提高人才培养质量”等法学教育的种种问题又一次成为我们关注的焦点。其原因在于，历次法学教育改革的成果仍然不够明显，这些问题在以往对法学教育所存在问题的研究中经常都可以看到，其最根本的问题还是在“应用型、复合型法律人才培养不足”上，这也成为法学教育发展的一个突破口。因此，培养“法学知识认知、实践能力和道德—社会责任培养之间有着良好平衡”的法律人才，也是“卓越”

法律人才的基本内涵。①

在教育部、中央政法委联合举办的卓越法律人才教育培养计划启动工作会议中，教育部副部长杜占元明确了卓越法律人才教育培养计划的工作重心和主要目的。实施卓越法律人才教育培养计划，是加快社会主义法治国家建设，切实提高法律人才培养质量，逐步提升中国在国际法律事务中的话语权的迫切需要。② 他认为，想要组织实施好这一计划，除了坚持分类培养、打造应用型、复合型法律职业人才之外，还要创新人才培养机制，着力激发高等法学教育内在活力。要将社会主义法治理念扎扎实实地渗透到教学工作当中，要做到“进教材、进课堂、进学生头脑”，加大力度培养出新型的社会主义法治事业的建设者和捍卫者。不仅如此，还要强化实践教学，努力提高法律人才的实践能力和综合素质。要进一步探索高校与法律实务部门人员互聘“双千计划”的实施，着力打造高水平的法学师资队伍。

对于高校的法学教育来说，培养卓越法律人才是高校参与国家创新体系建设的标志。随着高校体制改革的不断深入，实施“卓越法律人才教育培养计划”，培养和造就一大批卓越法律人才是我国高等法学教育的首要任务。卓越法律人才培养与传统法律人才培养的目标不同，法学是一门应用性学科，这是由法学教育所具有的深刻的法律职业背景决定的。首先，法学教育具有实践性强的特点。法学的基础特点是职业知识体系，一种技术理性。培养应用类法律人才和学术类法律人才在大多数国家中都是法学教育的重要目的，但在这些国家中无一不是以培养应用类法律人才为主，因此可以看出，法学教育的实用性是我们必须关注的问题。然而，法学教育又与一般的“职业培训”不同，高端法律人才的“高端”体现在经过了

---

① 余涛：“从法学的学科属性谈卓越法律人才培养——法律职业能力导向下的法学教育改革”，载《朝阳法律评论》2012 年第 2 期。

② 高靓：“卓越法律人才教育培养计划启动——高校将与用人部门共建 100 多个培养基地”，载《中国教育报》2012 年 5 月 28 日，第 1 版。

正规的学术训练、具备了专门的法律思维能力，并且一定有超越一般法律人士之处。因此，卓越法律人才培养计划对于法学教学的改革，既要重视人才培养的实践性，又要注意不能矫枉过正，还要注重人才培养的规范性，因为专业的学术积累必然潜移默化地影响实务操作。

卓越法律人才培养计划不仅开创了教育单位与用人部门合作培养人才的新局面，还提出了“复合”培养的新概念。这也是卓越法律人才不同于传统法律人才的培养方式，其区别在于“复合”。“复合”是指学科间的交叉、融合、渗透，包括“法律＋英语”的复合，“法律＋经济（外贸）”的复合，“法律（专利法）＋理科（工科）”的复合。当前比较抢手的法律人才是“法律＋英语＋经济”的复合，“法律＋英语＋小语种”的法律人才也非常抢手，能够对对象国法律进行专门研究的小语种卓越法律人才甚至可以说是“前无古人”，其培养意义非同寻常。[①] 因此，卓越法律人才培养最重要的两个方向就是：跨语言、跨专业。

卓越法律人才的培养要求专业法律人才的培养应当有别于过去法律人才的培养方式，随着对“复合”培养的重视程度加深，法律人才的专业素养、通识教育、综合素质与能力都将同步提高。当今社会，社会需求结构变化加速，对于金融工具与金融市场、宏微观经济学、会计、税务等经济学知识的了解成为法律专业学生走向社会的“金砝码”。事实也证明法律专业人才的知识面应当进一步拓宽，想要成为通识基础上的职业法律人才，有两点基本要求：一是其他人文学科知识的通识，二是法学基础知识的通识。

卓越法律人才培养计划要求的“复合”型法律人才，对其外语水平、对涉外法、外国法、比较法的知识结构以及实践能力都提出了更多、更新型的要求。由于当前我国严峻的就业形势，高等教育急需融入职前教育相关内容。因此，法学教育的目标应当注重培养学生运用法学理论与方法分

① 王文华：“卓越法律人才培养与法学教学改革”，载《中国大学教学》2011年第7期。

析问题、解决问题的能力。但现实情况是，由于种种原因，本该迎合就业形势和社会需求并以其为导向的高等教育改革，在一些地方与高校曲高和寡，法学人才培养陷入了一个恶性循环的怪圈。用人单位聘用人员时最看重的职业素质、职业能力无法在校园的学习生活中得到锻炼和检验，于是各种社会职业准入制度、执业资格考试、公务员考试等应运而生。卓越法律人才教育培养计划必然是一项艰巨、复杂的系统工程，实施周期长、任务要求高、面临困难多。

（二）“突出实践价值”的法学教育导向

法律天生就具备一种实践属性。一方面，作为一种实现公共政策的社会工具，法律体现了立法者对社会状态的应然建构，寄托着治国者对社会活动的总体调整和对社会发展的宏观把握。另一方面，法律是应用型的社会科学，旨在调整社会关系，以解决实际问题为导向。法律适用过程是一种将规则理性与社会现实相结合的过程，蕴涵着从应然到实然、规则到实践、抽象到具体的转换。在这一转换过程中，深厚的法律素养、全面的法律知识和健全的法律人格固然重要，但法律职业人的法律实践技能和社会经验必不可少。法律的实践属性要求，法律教育不应该满足于对学生进行法律理论知识的讲解，还应让学生在法律实践中获取理解与运用法律的经验，培养学生的法律素养、职业伦理和职业技能，实现僵硬的法律规则与多边的社会现实相结合，推动法律的发展和社会的进化。①

法律教育是一种以教师和学生为主体、以传授法律知识和培养法律技能为内容的实践活动，也是一种主体性教育活动。以人的主体性理论为哲学基础的主体性教育理论认为，人是主体性教育的出发点，主体性教育的最高目的是把人培养成为社会历史活动的主体。② 主体性教育强调，教育应建立在对受教育者自主性的确认基础上，重视并致力于受教育者的能动性

---

① 蒋建湘：“法律的实践品格与法律教育的实践途径”，载《现代大学教育》2012年第3期。

② 曾新：“论主体性教育中的主体间性”，载《华中师范大学学报（人文社会科学版）》2001年第5期。

和创造性的开发。[①] 基于此，法律教育的主体性理论要求改革从概念到原理的纯理论性的经院式教学模式，推行实践性教学模式。

“卓越法律人才培养计划”旨在通过强化实践教学，突出实践价值，培养出更多高素质的执法和司法人才。该计划的提出和推广主要基于以下两方面原因。

其一，法律的本真要求突出实践价值。美国霍姆斯大法官有一句名言：“法律的生命不在于逻辑，而在于经验。”法律主要不是人们通过理性逻辑创造出来的，而是在社会实践中生成的。法学教育特别要处理好法律理论教学与实践教学之间的关系。学生良好的法律素养，当然要建立在扎实的法律理论基础知识上，所以传统的课堂讲授和书本阅读也很重要；但是法律作为一门实践理性的技艺，要真正扎实地掌握法学知识、养成良好的法律职业素养、习得熟练的法律职业技能，都必须通过实践才能够真正实现。高校应当充分认识到实践教学在卓越法律人才培养中的重要价值，让学生在与法律的亲密接触中触摸法律的“纹理”、解构法律的“材质”、探寻法律的“密码”、感悟法律的真谛。

其二，中国法治进程要求突出实践价值。尤其是党的十八大召开后，社会主义法治国家建设步伐加快，国家对法学教育改革的期望越来越高，要求法学教育以提高法律人才培养质量为核心，促进法学教育与法律职业的深度衔接，培养出更多的卓越法律人才。法学教育的现状与国家法治建设的需要还存在一些不相适应的地方，突出表现为：法律职业的类型和分工向精细化发展，学生能力素质结构与司法实践需求不相匹配；高校教育理念提升、教学内容更新、教法革新滞后于司法实践；高校人才培养模式单一，知识的传承局限于封闭的自循环体中，没有建立起教育资源有效整合的体制机制。与此同时，在社会主义法律体系初步建成之后，法学研究由立法法学开始向司法法学转型。与侧重于立法技术和条文解释的立法法

① 仇赛飞：“论人的主体性和主体性教育”，载《哲学动态》2001年第2期。

学不同，司法法学更关注具体的法律问题，更关注如何运用法律条文来解决社会生活中的法律问题，更关注法律人才的法律思维、法律技术和法律方法的培养和训练。而法学教育的内容还不能完全适应法学研究的这种转型。因此，依法治国战略的深入推进和法学研究的转型，都要求法学教育树立正确的实践观，突出实践价值。①

因此，应当充分认识到实践教学在卓越法律人才培养中的重要价值，树立正确的实践教学观念，进而展开富有成效的实践教学。树立正确的实践教学观主要包括以下两个方面的内容：第一，提高实践教学不可替代性的意识。法学是一门抽象性的学科，运用法律概念、原理、方法来体现其体系。实践教学是巩固理论知识和加深对理论认识的有效途径。实践教学正是基于实践理性而发展的，是实践理性的一种体现。实践性法律教学是在传统法律教学模式基础上提出的一种以培养学生实践能力为主的教学方式，将法律知识的各个理论在实践中予以再现，提高法律职业技能，如沟通能力、法律文书写作能力、起草法律文件能力、发现和适用法律能力等。这其中的一些技能不能在书本知识中学到，只有在实践中发现、探索和训练才能得到新的领悟。第二，将理论教学与实践教学齐头并进，区分其共性和特性。认识、理解法学理论教学与实践教学是培养卓越法律人才的前提。我国现代职业教育的先驱黄炎培早在1926年就提出，职业教育应做学合一，理论与实践并行，知识与技能并重。就法学教育来说，实践教学与理论教学都是不可或缺的一部分，不可相分离，二者都有着同样的目的，即为培养卓越法律人才创造更多的学习机会。当然，二者的区别也是异常明显的。理论教学与实践教学是两种完全不同的方式，理论教学主要是以教师讲解的方式使学生获得知识，这主要是考验理解能力，对于学生的自觉性要求较高。理论教学的场地以教室为主，但是图书馆、网络资源等资源设备也是非常重要的。在教学中遇到的大多为特殊的、在生活中极

① 贾宇："抓住关键环节 培养卓越法律人才"，载《中国高等教育》2013年第12期。

少出现的问题，因此，大部分时候我们都是假设一种适当的条件来解决问题。理论教学的考核方式一般是考试，相比于实践教学更缺乏多样性。实践教学主要是让学生自己动手进行实践，面对的是生活中的问题，更多的是考验随机应变的处理能力，其教学场地主要是在校外进行的实习、实验和训练等基地。相对于理论教学而言对于学生的要求更高，在实践教学中学生的积极主动性和创造性发挥着主要作用，在理论付诸实践的过程中出现的一些矛盾中了解理论知识的不足和缺陷。实践教学的考核方式有实习报告、实习体验、调查报告等。①

二、卓越法律人才教育培养的目标定位

卓越法律人才培养需要有一个方向上的指引，即目标定位。作为卓越法律人才培养的实施计划的规范性文件，《关于实施卓越法律人才教育培养计划的若干意见》中将该计划的目标描述为，经过10年左右的努力，形成科学先进、具有中国特色的法学教育理念，形成开放多样、符合中国国情的法律人才培养体制，培养造就一批信念执着、品德优良、知识丰富、本领过硬的高素质法律人才。显然高素质和高质量的人才是该计划的本质追求。既然卓越法律人才培养的目标定位是培养高素质的法律人才，那么我国当前的法学本科和研究生阶段的教育是否能够实现这一目标以及法学教育的目标定位与卓越法律人才培养的目标定位怎样加以协调，需要我们加以进一步的研究。②

（一）卓越法律人才的概念、内涵

“卓越法律人才教育培养计划”是教育部根据《国家中长期教育改革和发展规划纲要（2010—2020年）》的精神提出来的；同时，该计划也是在现有法学教育已具规模、但质量亟待提升的大背景下推出的。20世纪90

---

① 刘期湘、段旭峰：“法律实践教学与卓越法律人才培养——以与律师事务所合作模式为视角”，载《法制与经济》2013年第7期。

② 田其云、黄彪：“对卓越法律人才培养的思考”，载《高教论坛》2013年第5期。

年代中期以来，随着我国法学教育规模的急剧扩张、研究生类别的增加，法律人才培养工作中的问题日趋明显，如法律人才培养与实际工作的联系不足，人才培养模式亟待改革；法学教育的大众化难以适应法律职业日益精英化的要求，更难以适应国际化要求，能够处理国际纠纷和跨国法律事务的高素质法律人才奇缺；法律人才呈现结构性过剩，低端法律人才供过于求，高端人才却相当短缺。基于这一背景，教育部“卓越法律人才教育培养计划”将创新“应用型、复合型法律人才教育培养模式”、“国际型法律人才培养模式”以及“西部基层法律人才培养模式”三种法律人才分类培养模式，建立“高校与实务部门联合培养机制”，积极推进“双师型”教师队伍的建设工作，探索“国内—海外联合培养”机制，优化课程体系，强化实践教学环节，推进教学方法改革。①

卓越法律人才培养是在全球化的背景下提出来的，但是既有的研究对于卓越法律人才的内涵没有清晰的界定，对其外延也没有进行学理上的类型化区分，进而在不同类型的法律人才培养要求有何差别以及如何推进法律人才培养体系、机制及方式的创新等问题上难以取得共识，这直接影响到卓越法律人才的培养目标的实现。所以，对卓越法律人才类型化区分，并整合和创新法律人才的培养方式具有显而易见的理论和现实意义。

从卓越法律人才培养计划的内容、背景和相关资料来看，其主要目标应在于培养高层次、高素质、复合型、应用型的法律人才。所谓“高层次”指本科以上层次；“高素质”强调德才兼备、综合能力强；“复合型”强调多学科背景和适应特定行业需要的能力，如从事医事法务的应具备一定的医学学科背景，从事专利法务的应具备一定的工科背景，从事涉外法务的应当具有很好的外语交流能力；应用型强调实践能力。② 概括来说，卓越法律人才应具备四个方面的特征：（1）法治精神；（2）丰富的法学知

---

① 黄先雄：“‘卓越法律人才教育培养计划’下法硕教育的实践与反思”，载《现代大学教育》2012 年第 2 期。

② 同上注。

识；（3）充足的法治实践；（4）法律的国际化背景。也就是“应用型、国际型、创新型的高端人才”。这就要求学生有促进正义、维护正义的理想，基本功扎实，知识面广，具有较强的法律实务技能。从这个目标出发，要注意把握两点：一是法学的专业性，在培养的过程中，要加强法学专业教育；二是培养学生的卓越性，只有卓越的学生才能适应社会发展需要。①

传统的法律人才类型化区分是按照法律人才在司法体制中的职业和角色担当标准来进行的，主要划分为法官、检察官和律师等。教育部将卓越法律人才定位为应用型、复合型法律职业人才，并强调涉外法律人才和西部基层法律人才的培养。显然这些划分方法没有从学历上全部剖析法律人才的“卓越性”要求。所以，必须在传统方法的基础上对法律人才进行全新的类型化区分，扩大法律人才的范围，重构“法律职业共同体”。当下，有两种类型化方法尤为重要。

第一，根据法律人才的不同职业特点，可以划分为“实务型人才—实践型人才—学术型人才”。实务型法律人才以解决法律纠纷等法律事务为其职业，这大致相当于传统意义上的“法律职业共同体”的范围，包括律师、法官、检察官、法学学者等。② 在全球化背景下，一切合法的以处理国内外法律事务为职业的，都可以归为法律实务型人才。实践型法律人才是指虽然不从事直接的法律诉讼业务，但从事法律的制定、执行等相关业务的法律人才，例如立法者、执法者等。学术型法律人才是指以研究法律为职业的法律人才，特别是指大学、科研机构等的法学研究人员。传统的“法律职业共同体”并不包含后两种法律人才，法律人才的培养也主要限制在狭隘的“法律职业共同体”范围内，这必然导致我国法律人才缺乏参与国际规则制定和法律范式提出的能力。

第二，根据法律人才的发展方向，可以分为“法律事务型人才—政治事务型人才—社会事务型人才”。法律人才特别是卓越法律人才应具备全

---

① 何勤华：“关于实施卓越法律人才计划的思考”，载《法学教育研究》2012 年第 1 期。

② 卢学英、金国华：《法律职业共同体引论》，法律出版社 2010 年版，第 250 页。

面参与政治、经济、法律和社会生活的能力，而且卓越法律人才的去向并不局限在传统狭隘的"法律职业共同体"范围内。所以，所谓法律事务型人才可以包括上述实务型、实践型和学术型三种人才；而政治事务型人才和社会事务型人才是指除此之外全面参与（特别是以此为职业）政治组织和政治生活、社会组织（例如 NGO）和社会生活的受过正统法律教育的人才。恰如美国怀俄明大学教授 Matthew J. Wilson 指出的那样："无论如何，法学院都应该有能力教授真正法律知识、培养职业技能和有助于法律理论和解决方案的提升。而且法学院还应该有潜力去塑造未来的律师，或者影响当下或未来的立法者、裁判者和政治执行者。"① 显然，传统的法律人才培养模式已经无法培养这些法律人才全面参与各种生活的能力。②

（二）卓越法律人才教育培养的理念

1. 建立多元化的法学教育模式

法律人才的素质结构，决定了法学教育的发展方向。在法律人才的职业要素中，首先要加强司法伦理的训练和司法技巧的训练。对于绝大多数学生而言，只有深入认识实践、了解实践、经历实践，才能够理解法律的作用，才能够体会法律职业的地位，才能够建立起法律职业的伦理观念。仅仅是留待学生毕业进入职业生涯之后再培养职业伦理意识和操守，或者仅仅靠课堂灌输，是无法培养其稳定的职业信仰的。职业技巧的训练，则需要以诸如案例教学、诊所式教学、讨论式教学等创新教学模式为载体，逐渐转向专门化的见习阶段训练和学习，最终通过根本性的改革，实现法学教育培养的专门化和职业化。不仅以法律职业为目标的人才需要掌握法律的真实情况，以法学理论研究为目标的人才也必须对法律的实践有充分的把握。法学理论的研讨对立法与司法的审视和批评均是基于对法律实体

---

① 【美】Wilson, M. J.: Legal Education Methods and Ideals: Application to the Japanese and Korean Systems, Social Science Research Network, http: //ssm. com/abstract = 1492166.

② 杨清望："卓越法律人才的基本类型与培养路径探析"，载《现代大学教育》2012 年第 3 期。

与程序的洞见，此种洞见必须建立在对于实践情况有清晰认知与思考的基础之上。

法学教育事业起步比较晚，培养方案和教学计划的制定和进一步发展都未能经过充分的论证和实务界的积极参与，使得学校培养的法学专业毕业生的知识结构和实践能力尚未适应社会经济的实际需求，这是高等院校法学教育与社会需求脱节的历史原因。总结过去的经验，修订人才培养方案和教学计划，将人才培养和社会发展市场需求有机结合起来，使人才培养目标以及学生的知识结构能力和素质符合社会经济发展对法学人才的需求和要求。有条件的高等学校可以邀请法官、检察官、律师、企业和公司的法务等专业法学人才的专家，共同参与到学校人才培养方案和教学计划的修订中来，共同研究更适应社会的课程计划和完整的知识体系，优化法学实务化训练的模式和途径。①

为了实现和凸显法律的实践品性，笔者认为我们不仅应当不断反思传统法律教育模式，还要注重强化法律教育中的教师和学生的双主体地位，并且不断摸索并完善以“模拟—实验—实践”为主要环节的实践性教学模式，实现法律理论教学与法律实践教学的无缝对接，以培养实务型卓越法律人才。

模拟教学的主要方式包括课堂案例教学和模拟审判教学。课堂案例教学旨在锻炼法学学生将所学的法学知识以及实体法律规则运用于具体案件的能力；模拟审判教学旨在让学生作为参与者熟悉庭审的整个流程，掌握庭审程序，了解不同职业角色法律思维的特点。在模拟教学中，特别是模拟审判教学中，学生能够通过充分实现角色转换的互动，培养分析案情寻找相应规则的能力、解释法律和将法律运用到具体个案的能力。模拟教学是高等学校法学教育的一个突破，是由法律纯理论性教学向法律实践性教学转变的第一步。自此，学生可以开始摆脱教师的机械灌输，不再被动接

---

① 崔金星：“实务化卓越法律人才培养模式改革与探索”，载《西南科技大学高教研究》2013年第2期。

受，从而形成“主体—客体”局面，将学生的主体性意识逐渐激发。

不过，模拟教学中教师的主观选择和处理的案件事实，使得整个过程缺乏真实感，这在一定程度上会影响学生参与的积极性。而实验教学则不同。所以，在模拟教学的基础上，我们又提出了实验教学这一新型教学理念。在实验教学中，学生可以接触随机选取的真实案例，并且运用所学法律知识进行分析，得出能够解决实际问题的方案。实验教学的主要实现平台是法律实验法庭，其主要运行模式是将法院庭审引进校园，在实验法庭现场开庭，组织学生观摩庭审过程。在庭审过程中，学生能够接触没有经过加工且真实完整的案件，并亲身经历严格依照诉讼程序进行的诉讼过程，直面事实陈述、证据认定与辩驳等过程。实验教学促使学生依循“观摩—互动—主动”的思维路径去思考所面临的法律问题，从而激发其主体性和能动性意识。

首先，学生在庭审中既能观察到法官的审判，又能观察到当事人、律师、证人以及刑事案件公诉人等的诉讼行为，使原本枯燥的法律知识增加了带入感，使法律和法学理论变成活的法律和活的理论。其次，学生可以与教师和法官开展积极互动，培养独立思考的能力。在庭审中，学生就遇到的实体法和程序法问题可以通过网络平台向指导老师提问，教师结合庭审情况予以讲解与点评；庭审结束后，邀请法官与学生交流，对实体和程序问题进行讨论。最后，它可以促使学生依据自身所学的法律知识对整个庭审活动进行评判，激发学生进行“如果换作是我，我该如何行为”的主体式思考。

但实验教学也存在一定的问题和缺陷，因为除了在教学过程中，学生在学习之余很少有真实参与法律诉讼或法律实践全过程的机会，这给最大限度地激发学生主体性、能动性和创造性意识造成了巨大的阻碍。实践教学就是解决上述不足的重要途径，是实验教学的补充和促进。法律实践是学生主动运用所学法律知识和法律技能创造性解决全新的实际问题的过程，在这一过程中，学生的主体性、能动性和创造性得以充分彰显。

法律实践教学途径包括校内实践教学和校外实践教学。校内实践教学的主要平台是法律援助中心。在法律援助中心，学生接触到的是真正有法律服务需求的属于弱势群体的当事人，学生必须能够从当事人提供的头绪繁多的信息中抽取最具有法律力的事实，并在指导老师的提示下对案件进行法律分析。在必要的情况下，学生还会引导、协助当事人收集证据，代理当事人出庭为其争取权利，参与法庭举证与质证、法庭陈述与辩论。通过法律援助实践，学生可以体会和领悟到法律操作技巧、法律职业责任和道德，并根据在法律实践中学到的经验来弥补自身知识结构的不足。校外实践教学主要是校外实习，在校外实习过程中，学生担任法官、检察官和律师的助理，参与案件讨论、起草法律文书、商务谈判、庭审过程，以不同的司法角色熟悉法律实务的整个流程，培养法律职业理论并锻炼法律职业技能，让他们在走出校园时做好准备，学会法律职业所需要的广泛的能力，并结合自己的实习经历确立未来的职业规划和方向。

校外实践教学的关键是围绕教师和学生的主体性地位，完善制度和平台的配套建设。在制度建设方面，首先是完善培养计划，确定校外实习课时和学分，确立校外实习的常态化；其次是通过校内外双导师制度和青年教师赴基层法院挂职的制度，提升实践教学的师资水平。校内外双导师制度，是指在为学生配备校内学业导师的同时，还聘请具有丰富法律实践经验的法官、检察官和律师担任学生校外实习导师，是在卓越法律人才培养计划逐步趋向成熟的过程中，各高校和专家在实践中摸索出来的新型教学配置模式。在平台建设方面，坚持“校内—校外联合培养机制”，推动实践基地的优质化，如很多大学法学院与地方法院合作建设教学实习基地，与法院、律师事务所、公司合作设立优质的校外法学实践教学基地。创新校外实践形式，促进实践平台的多样化，如建立社区法律诊所、法律义工队伍等，选派学生为社区提供法律咨询以及刑满释放人员帮教服务；成立以学生为主体的法律志愿者工作机构，选派学生为民众提供案件开庭前的法律咨询和服务。①

“模拟—实训和实验—实践和实习”依次展现的是“模拟案件与模拟行为—真实案件与观摩行为—真实案件与参与行为”三幅图景，本身就是一种从理论到实践、从抽象到具体的思维过程。在这三个阶段，学生的主体性不断强化，能动性和创造性不断被激发，有效实现了学生在法律教育中从客体到主体的身份转换。很多高校的实践证明，这有利于提升学生的法律逻辑思维能力、学习能力和实践能力，是培养实务型卓越法律人才的重要途径。

2. 明确法学教育的职业化

卓越实务型法律职业人才培养目标的确定是推进地方性高校法律人才培养模式改革的强大动力。地方性高校法学专业应探索出一条面向职业、面向社会、面向未来、突出各项法务能力训练，突出专业特色，有效利用国内与国际资源、校内与校外资源，学校连同实务部门共同培养的新的人才培养路径，这将是地方性高校法学教育的生存与发展之道。

（1）打造“双师型”专兼职教师队伍。建设一支具有国际视野和一定法律实务经历的高水平专、兼职教师队伍是卓越实务型法律职业人才培养的前提条件。高校必须以自身现有师资资源为基础，探索与地方法律实务部门双向互通的联合培养机制。一方面，教师要“走出去”。专职教师首先要具备实践经历，例如将兼职从事律师、企业法务等工作作为卓越法律人才培养计划教师的一项重要指标。同时，要进行国内外多种形式的进修学习，不断提升理论素养和视野。另一方面，引进一批在法律实务领域具有突出业务能力并具有较深厚的法律理论功底的优秀法官、检察官、律师等常态性地进入课堂，弥补校内专业教师对学生职业能力指导的不足。双方以优势相结合共同打造一支兼具深厚专业理论知识与较强实务能力的“双师型”专、兼职教师队伍，构建良好的卓越实务型法律职业人才的培

① 蒋建湘：“法律的实践品格与法律教育的实践途径”，载《现代大学教育》2012年第3期。

养基础。

（2）实行“学校—实务部门共同培养”的机制。地方性高校卓越实务型法律职业人才培养应坚持在以“服务地方”为根本、以引领地方为目标的理念基础上确定人才培养定位，做到打破高校作为单一教育主体的常规，将高校、司法实务部门、涉法行业企业三方教育资源有效系统融合，构建高校、司法实务部门、涉法行业企业合作培养新型人才的培养机制。我国各地区经济社会发展极不平衡，各地支柱产业不同，区域民主基础和民众维权意识等差异较大，因而对人才需求侧重点和能够为人才培养提供的外部条件也不同，极具地方特色。实现地方性高校所倡导的“服务地方”、“引领地方”的办学理念的关键在于：第一，找准人才培养与区域经济社会发展需求的最佳结合点，按需生产，迎合区域人才市场的需要培养人才，以更好地为地方社会创造价值。第二，挖掘和利用区域社会发展为自身法律人才培养所提供的有利外部环境和营造的各种条件，大力开发与校内人才培养配套的校外人才培养基地和实践实训区，构建高校、司法实务部门、涉法行业企业合作培养新型人才的培养机制，三方以优势相结合，利用良好的外部环境大力推进高校法律人才培养质量的全面提高，最终实现法律人才培养与区域经济社会发展的良性对接。

（3）推进课程体系改革和教学模式多元化。虽然地方性高校卓越实务型法律职业人才培养是阶段性与系统性有机结合的全方位过程，但人才培养质量之关键仍在于能否实现教育教学改革创新。以下几方面的教育教学改革创新已是迫在眉睫：第一，课程体系改革。以面向职业、面向社会、面向未来为指导思想构建科学的课程体系，为提升法律职业专业化层次，应设置开放型理论课程体系，打破专业与学科壁垒，让学生有更为宽广的知识储备；同时，应构建实务型课程体系，设置诸如法律诊所、律师实务、审判实务、检察实务、政府法务、企业法务、社区法务、模拟法庭、非诉讼程序（ADR）等实践实训课程，全面培养和提升学生的法律职业技能。第二，教学模式多元化。必须突破传统的“灌输式”教学模式局限，综合运用多种教学方法，着力推动基于问题、基于案例的学习等多种研究性学习方法，鼓励学生深入研究判例，发现和理解判例中的法律观念和法律规范。培养学生独立思考、主动探索和发现创新的精神，使学生形成发现、分析和解决问题的能力。最终以对案件的实践操作作为毕业考核。事实证明，苏格拉底讨论法、判例法教学法等更加有利于卓越实务型法律职业人才的法治精神和思维能力的培养。

（4）突出法务实践实训在人才培养中的地位。借鉴国外法律人才培养过程中注重素质教育、职业素养和实践环节等优点，全面革新实践实训环节，突出法务实践实训在人才培养中的地位，是我国地方性高校培养卓越实务型法律职业人才的关键举措。通过大量扎实的法务实践实训，使学生的法律理论知识与法务实践相结合，运用法律理论知识分析和解决实际问题的能力得到锤炼和提升，摆脱当前法学毕业生法务职业技能不足这一根本缺陷。在校内，学生通过模拟法庭演练、法律实务等课程完成基础技能培训，然后进入法律诊所实际从事法律实务。在校外，实施“专业实习＋岗位实习”的法务实践实训模式。其中，在专业实习阶段实施“分站式”专业实习模式，学生分别在法院、检察院、律师事务所进行“三站轮动式”专业实习，培养学生对专业核心知识的应用能力，提升学生专业实践技能及其熟练程度；在岗位实习阶段为学生提供相应的岗位进行针对性实习，使学生具有较强的从事企业工作、社区工作、政府工作的能力，培养适合从事企业法务、村镇社区法务、党政机关法务等领域的卓越实务型法律职业人才。①

（三）卓越法律人才教育培养的定位

1. 以能力和品质为导向

随着改革开放的不断深入，我国社会需要更多的应用型法律人才，需

① 朱美宁、方益权等：“地方性高校卓越实务型法律职业人才培养探究”，载《中国高教研究》2012年第1期。

要更多能够正确处理法律纠纷且具有一定职业技巧的复合型律师人才。这一教育目标要求我们的法学教育不能只是着眼于专业知识教育，更应该注重职业能力与职业伦理培养。如何适应中国社会发展特别是法治国家建设的需要，培养具有稳定、宽厚的职业道德信仰的应用型法律人才是法学教育思考的重要课题。①

另外，把应用型卓越法律人才的法律职业伦理教育设定为重要目标，对于培育掌握专业知识并树立崇高法律信仰的卓越法律人才，也同样具有重要的现实意义和长远的社会影响。应用型卓越法律人才的法律职业伦理教育包括：正确的法律职业伦理道德观教育和法律职业道德基本理论教育。正确的法律职业伦理教育要求法律专业学生通过法律道德教育养成忠于法律、忠于事实、勤恳敬业、恪尽职守、廉洁自律、遵守规范的法律道德观；法律职业道德基本理论教育使学生熟悉法律职业道德的主要渊源，具备识别法律职业困境的能力，掌握解决法律职业困境的基本方法。

由此可见，卓越法律人才职业品质应该涵盖以下内容。首先，要具有立法为公、执法为民的职业宗旨。我国的法治建设要取得实质性的成效，有法可依的完备法律体系固然关键，但更为重要的则是法律职业共同体的整体素质的提升。立法为公、执法为民，是中国共产党立党为公、执政为民在法律领域的具体化。我国的法律是人民意志的体现，是人民利益的集中表达。其次，要具有恪守法律职业道德的自律精神。导致司法腐败的直接因素是，我们的法律职业人普遍欠缺法治国家要求的法律职业道德自律精神。法律职业伦理道德既是法律职业特殊性的重要标志，也是维护法律职业良好地位和形象的重要因素。② 为了保证法学院校的学生以后能迅速地接纳、认同和恪守职业伦理道德，尽快地进入法律职业角色，法学院校应当向学生介绍法律职业伦理道德，引导学生认同这种职业伦理道德。恪

---

① 张文显主编：《司法改革报告——法律职业共同体研究》，法律出版社2003年版，第230页。
② 陈宜："试论法律职业伦理教育"，载《中国司法》2005年第4期。

守职业伦理道德的精神品质是法律职业共同体必不可少的思想品质，这是应用型法律人才职业素质教育的重要内容。最后，还应具有稳定的伦理选择能力。在未来的执业实践中，法律职业人经常处于法律的利益、当事人的利益、自己的利益等林林总总的利益冲突关系之中。在冲突选择过程中，具有稳定的伦理选择能力至关重要。对法律专业的学生来说，应养成两方面的伦理选择能力：第一，在法律和道德之间，应具备抽象的伦理思维能力。这就要求法律专业学生具有对法律规范和伦理规范的反思能力，这是司法实践复杂性和理论教条性不可避免的冲突对于学生的必然要求。第二，应具备伦理思维能力，这主要体现为在法律解释、案件处理和纠纷解决过程中追求抽象或应然正义的能力，具体的伦理思维能力则是现实正义和具体正义的直观要求。①

法律德育教育事关我国应用型卓越法律人才培养战略的成败，只有培养能够深入洞察法律背后的道德伦理结构，具备稳定、宽厚的职业道德信仰的法律职业共同体，才能使整个国家法律制度价值和法治大厦更加稳固。所以，要加强法律德育教育，我们应当从以下几个方面入手。

（1）以培养卓越法律人才工程为契机，彻底地推行以法律伦理为核心的法律教育观。卓越应用型法律人才培养不仅要求未来的从业者具有过硬的专业知识，更要求法律人具有超凡的道德品质。若真正培养应用型卓越法律人才，必须将职业道德素养教育纳入卓越法律人才培养的各个环节，培养具有法律知识和技能，具有正义品格和人文情操，能完成依法治国、维护公平正义的人担当法律职业共同体。

（2）在法学教育教学中积极寻求有效的教学方法，培养学生的职业道德修养。法学教育中开设法律职业道德课程是培养学生的法律职业道德认知、实现对学生道德人格教育的前提。但应用型卓越法律人才的法律伦理道德素质教育并不是简单地开上一门“法律伦理教程”之类的课程就可以

① 卢芳华：“论应用型卓越法律人才法律伦理道德素质的培养”，载《江西教育学院学报》2013 年第 2 期。

解决。从根本上说，将法律职业伦理规范内化为学生的道德自觉，培养学生高尚道德品质，即由知之到信之的态度或情感的养成，才是法学教育的最终目的。

（3）以“双师型”教学团队培养为契机，利用优势教学资源，建设法律职业道德教育的延伸地带。此次卓越计划提出，高校与实务部门联合培养机制，是由高校与实务部门作为法律人才培养的共同主体，推进“双师型”教师队伍的建设。“双师型”教育者将成为法律职业伦理教育的“排头兵”，同时实践课堂将成为法律职业伦理教育的重要延伸地带。优秀的“双师型”教育工作者将整合校内外教育资源，以专家讲座、律师讲坛、案例讨论、论文写作和实地考察等各种各样的自我体验式学习，在随时的、立体的场景中启发学生的情感体验。通过教师课堂内外的及时点拨，开展预防性的道德伦理救济教育，健全学生的法律信仰。

（4）提高法律专业学生的人文知识涵养是提高法律职业道德素养的源泉。法学教育中人文精神的养育就是教学生如何做人，如何对社会尽到法律的关怀和保护。如果高校仅以核心课程和司法考试为中心，忽视学生的人文知识学习和人文精神培育，充其量是在“批量制造”低层次的具有应用能力的法律工匠，而不是具有正义感、道德良知和人文素养，具有法律职业技能，能够适应国家机关、公检法机关、律师事务所、公司法律事务的岗位和工作，并为社会提供优质服务的应用型、复合型法律人才。① 显然，人文精神的塑造是培育伦理品格和法律人格的重要一环，是法律伦理的核心要素。我国著名法学家江平先生曾说过：法律人应当是具有人文精神和法治观念的管理型人才，在法学教育中应当突出对法律及其价值的崇尚，包括对正义、公平、自由和道德准则的尊重以及正直人格的养成。②

---

① 杨小勇、贺志明：“应用型法律人才培养模式的构建”，载《中国科教创新导刊》2009年第11期。

② 贺卫方：《中国法律教育之路》，中国政法大学出版社2002年版。

2. 以服务地方为目标

苏力教授指出，由于中国的国情，社会发展对法律人才的需求是多样的：一是中国市场经济和发达地区日益全球化的法律实务需求，即所谓的高水平、复合型、国际化的人才；但另一方面，还有中国基层社会、农村社区的纠纷解决需求，包括那些在高原和崇山峻岭中跋涉的马背上的法官。正是基于这一认识，教育部《关于实施卓越法律人才教育培养计划的若干意见》将卓越法律人才分为应用型、复合型卓越法律人才，国际化卓越法律人才和中西部卓越法律人才。

在入选教育部卓越人才培养基地的高校中，既包括一些传统的法学名校，也包括一些西部、地方高校，后者在法律教育的历史、师资等各方面与传统名校都存在较大的差距。对于这些高校而言，完全抄袭法学名校的教学模式或制定与这些高校相同的人才培养目标是不符合实际的，也无益于满足当地法律人才培养的实践需求。因此，我们应该清醒地认识到，不同地方的高校在卓越法律职业人才培养教育的目标上应存在一定的差异，即对于法律职业人才的教育培养应当存在两个层次。[①]

第一，重点高等法学院校的目标，应当是培养具有国际化视野、适应我国对外开放发展需要的法律人才，培养的是能够提供国际化法律服务、具有行业领军能力的高层次法律人才。[②] 第二，普通院校尤其是西部、地方院校的目标定位应当是为当地培养有能力服务于地方、服务于西部的应用型法律人才。这类法律职业人才所掌握的法律技能应更为切合基层法律服务的需求，面向更广阔的农村、偏远地区。在坚持以服务西部、服务基层的应用型、复合型法律职业人才为培养目标的同时，还应当考虑到高校所处地方的发展特点及需求，适当调整人才培养的目标。例如某些少数民族自治区内的高校，其民族自治区域的特点要求卓越法律人才培养中应重

---

① 黄进：“卓越法律人才培养的目标、观念、模式与机制”，载《法学教育研究》2012 年第 1 期。

② 廖斌：“地方高校培养卓越法律本科人才探析”，载《河北法学》2011 年第 12 期。

视少数民族法律人才的培养需求。[①] 正如西方著名历史法学家萨维尼所强调的，民族的共同意识乃是法律的特定居所，与语言一样，法律与民族的存在和性格之间存在有机联系，法律随着民族的成长而成长，随着民族的壮大而壮大。[②]

三、卓越法律人才教育培养的时代标准

从广义上来看，法律人才应当包括法学学术人才和法律职业人才，从教育部和中央政法委联合颁布的《关于实施卓越法律人才教育培养计划的若干意见》来看，法律人才主要是指法律职业人才。一种职业的产生来自一定的社会需求，有什么样的社会需求，就会产生什么样的职业。因此，职业人才的评价标准应当与相应的社会需求密切关联。我们认为，适应中国特色社会主义司法发展需要的卓越法律人才必须具备以下条件。

（一）忠诚的政治本色

在当代中国，忠诚是卓越法律人才第一位的政治品格。忠诚就是要忠于党、忠于国家、忠于人民、忠于法律。忠于党，归根结底，就是要在思想上、政治上、行动上始终与党中央保持高度一致，自觉服从党的领导，切实维护党的执政地位和执政权威，把党的重大决策部署不折不扣地贯彻落实到工作之中。忠于国家，归根结底，就是要不断增强对中国特色社会主义的政治认同、理论认同和实践认同，用马克思主义中国化的最新理论成果武装头脑，保持高度的政治敏锐性和政治鉴别力，自觉抵制各种错误思潮和错误观点的影响，坚定不移地做中国特色社会主义事业的建设者和捍卫者。忠于人民，归根结底，就是要切实尊重人民的主体地位，全力维护人民的合法权益，自觉接受人民的监督。忠于法律，归

---

① 房沫："西部高校卓越法律人才培养探索——以广西大学法学教育为例"，载《高教论坛》2013 年第 4 期。

② 【德】弗里德里希·卡尔·冯·萨维尼：《论立法与法学的当代使命》，许章润译，中国法制出版社 2001 年版，第 9 页。

根结底，就是要尊崇宪法和法律，严格依法办事，坚决维护宪法和法律的权威。

（二）坚实的法律素养

法律职业具有学识性很强的特点，这就决定了卓越法律人才必须具备坚实的法律素养。这种法律素养主要体现在法律理念、法律思维、法律知识等方面。以法官职业为例：在法律理念方面，一名优秀的法官必须牢固树立司法的法治性、公正性、独立性、中立性、终局性等理念。特别是要坚持依法司法，审判具体案件不仅要严格遵守实体法，还要严格遵守程序法；坚持公正司法，以事实为依据，以法律为准绳，切实维护社会公平正义；坚持高效司法，在确保依法司法、公正司法的前提下，尽可能提高司法效率，减轻当事人的讼累。在法律思维方面，必须按照司法认知规律，对具体案件进行审慎的、理性的思考，作出合法、合理的判断。这种法律思维具有思维切入的怀疑性、思维结构的逻辑性、思维路径的程序性、思维功能的实用性等特点。[①] 在法律知识方面，必须精通法律知识，包括法律规则知识和法律原理知识。熟悉和掌握具体的法律规则固然重要，准确理解和把握法律原理也不可忽视。因为随着时代的发展、认识的深化，法律规则会随之发生变化，而且法律规则本身也会存在漏洞或冲突，这就需要法官掌握普适性的法律原理来弥补规则知识的局限性。

（三）高超的法律技能

法律职业具有很强的专业性，这就要求法律职业者必须掌握独特的专业技能。以法官职业为例，在当前日益复杂的司法事务面前，一名优秀的法官不仅要具备良好的法律解释、法律推理、证据运用、庭审驾驭、文书制作、文字表达等基本职业技能，还必须具备高超的诉讼调解、教育息

① 万鄂湘、李克主编：《法官综合培训教程》，中国政法大学出版社2006年版，第159～165页。

诉、沟通协调等技能。近年来，面对经济社会发展的新形势和人民群众的司法新需求，人民法院特别强调坚持能动司法理念，这对法官的职业技能提出了新的挑战。从司法的考量因素来看，法官如果仅仅机械地依照法律作出裁判，有的案件审理往往不会取得良好效果。必须综合考量法律、政策、道德、情理、民意以及涉诉矛盾纠纷的特点、成因、背景、当事人情况等多种因素，审慎地作出裁判，才能确保案件审理的法律效果和社会效果的有机统一。从法律适用来看，法律的不确定性、不周延性、不全面性是客观存在的，因此，在法律适用过程中，存在是否正确解读法律的问题，而解读法律的方法是多种多样的，采用何种方法解读法律，需要法官能动地作出选择。从司法方式来看，法官不能仅仅作为超然于诉讼各方之上的消极的、中立的仲裁者，单纯地“坐堂问案”，机械地依靠证据规则认定案件事实，而必须在必要的情况下干预当事人的诉讼，有平衡当事人的诉讼能力，主动依职权调查取证。从司法措施来看，司法措施有硬性和柔性之分，法官在审理案件过程中，既要用好硬性方式，也要用好柔性方式，要在综合考量各种因素的基础上，针对不同对象、不同情况依法采取不同的司法措施。

（四）真挚的为民情怀

带着对人民的深厚感情开展工作，这是做好新形势下立法、执法、司法和法律服务工作的重要保证。比如对一名优秀法官来说，始终保持真挚的为民情怀，是其重要的职业要求。要牢记手中的权力是人民赋予的，只能用来为人民谋利益，而绝不能用来为自己谋私利，始终为人民掌好权、用好权。要本着对人民高度负责的精神，认真履行宪法和法律赋予的审判职责，依法妥善协调平衡利益关系，切实维护人民群众的合法权益。要积极为群众诉讼提供便利，提高诉讼效率，减轻诉讼负担，降低诉讼成本。要积极组织动员群众参与司法工作，从群众中汲取化解矛盾、案结事了的智慧，紧紧依靠群众做当事人的调解、教育、疏导工作，促进纠纷的有效解决。要主动向群众宣传法律知识和政策规定，引导群众增强法治观念，以合法理性的方式表达利益诉求，解决矛盾纠纷，维护合法权益。要把办理案件的过程变成思想疏导的过程，变成理顺情绪的过程，变成感情交流的过程，努力促进当事人服判息讼。要自觉接受群众的监督，虚心听取群众的意见和建议，不断加强和改进自身工作。要摆正同群众的位置，切实改进司法工作作风，甘当人民公仆，热情周到服务。

（五）宽厚的人文底蕴

法律作为社会关系的“调节器”，渗透于社会活动的方方面面，因此产生了大量学科交叉综合的问题。这些问题的解决不能单靠法律知识，还需要具有其他相关学科的知识。在中国社会的特殊条件下，“法律问题从一开始就明显不仅是法律问题，而同时也是政治问题、社会问题、历史问题和文化问题。因此，要了解和解决中国的法律问题，必先了解和解决诸多法律以外的其他问题”。[①] 此外，法律职业也往往要求法律职业者能够理性地对待各种社会现象和社会冲突，不为情绪所左右，保持公允、平和的心态，并具有宽阔的视野、多向度的思维，这就需要具备宽厚的人文底蕴。而这种人文底蕴则是在广泛的读书学习中汲取各方面的知识，并融会贯通、提炼升华后形成的。

（六）良好的职业形象

法律职业者必须严格自律，保持良好的道德品质，这是世界各国对法律职业者的基本要求。如果法律职业者没有高度的职业尊荣感、严格的自律意识、良好的职业伦理，那么其所掌握的知识和技能很可能会成为作奸犯科的工具，并且其知识越丰富、技能越高超，造成的危害就越大。就法官职业而言，法官扮演着社会争端最终裁决者的角色，法官职业道德要求之高，超出其他法律职业者的道德标准。2010 年 12 月，最高人民法院颁布了修订后的《法官职业道德基本准则》，把“忠诚司法事业、保证司法

① 梁治平编：《法律的文化解释》，三联书店 1995 年版，第 6 页。

公正、确保司法廉洁、坚持司法为民、维护司法形象”作为法官职业道德体系的基本内容；最高人民法院同时还颁布了《法官行为规范》，规定法官必须“忠诚坚定、公正司法、高效办案、清正廉洁、一心为民、严守纪律、敬业奉献”。可以看出，我国法官职业道德涵盖的内容相当广泛，既包括思想意识层面的，也包括行为规范层面的；既涉及法官的职业行为，也涉及法官的业外活动。

第三章　以宽口径、厚基础为目标构建循序渐进的培养体系

一、传统法律人才培养模式的缺陷

法学是一门技术性和学术性深度融合的社会科学之一，具有很强的理论性和实践性。打好深厚的法学基础、具备丰富的实践经验是培养卓越法律人才必备的条件。目前，我们的法学教育尚存在诸多缺陷。具体可以说是重理论而轻能力的培养，缺乏实际操作能力和司法实践经验等的培养。这是在法学人才培养机制中所遇到的难题和我们亟待解决的难题。

（一）培养目标泛化

培养目标是教育目的的下位概念，体现的是不同性质及不用阶段的法律教育。培养目标是培养目的的具体细化。法律人才的培养目标具有多层次、多样化的特征。但是由于各所高校的层出不穷的标准，使得法律人才的培养目标泛化。培养目标的泛化是法律人才培养模式的不必要的错误。因为法律人才的要求和基本的素养都是各个高校一致认同的，不应该犯目标泛化的错误。

贺卫方提出，“我们需要的是单一层次的法律人才，即受过系统的大学法律教育并受到良好的职业训练的合格人才”。法律不仅仅关注正义观的形成，更关注能否将正义理念接力和传递下去，影响更多的大众。赵相林从知识、能力、素养单个方面去设定法学本科教学的培养目标，要求培

养出来的法律人才是基础扎实、专业面宽、素质高和适应能力强的高级法律应用人才。苏力认为，目前我国法学本科的教学是严格按照素质教学与通才教育设计的，法学本科教育的产物主要是司法工作系统的人员，包括律师、法官、检察官。同时要为法学硕士教育提供人才，为政府机关政策研究提供卓越法律人才，为企业提供服务人才，要为法学研究不断提供高素质、高质量的多方位人才。法学本科教育要培养“通用型、法律交叉型”人才，使得法学本科能成为法学教育培育的第一步，也是打下基础的第一步。

应该明确法学教育所欲达到的目标，培养目标应该精益求精，不能局限于某一个领域或者某一个片面的角度。各个高校制定的目标应该根据自己的实际需要，切不可人云亦云，跟风随大流。要实事求是地做好自己的本职工作，对自己的发展目标有具体细化的规定和具体的实施举措。需要说明的是，即使各个高校制定的培养目标不尽一致，但是总体上的终极目的都是一样的，专业在于专，在专业的同时注重多方位发展，抓住主要矛盾、兼顾次要矛盾的发展模式应该成为制定培养目标的导向。我们只要精确了目标，防止目标泛化的危险，就能在原来的基础上跨出一大步；只要能将精心制定的培养目标具体落到实处，卓越法律人才培养计划就将具有巨大的意义。

（二）课程设置不科学

法学课程设置影响着一个法学院的教学质量，即使学生再优秀，教师队伍再强大，如果不具备一套科学、完备的课程设置，那么将无法实现法学教学的目的。我国许多法学院系中存在课程设置的诸多问题，本科生阶段的法律教育直接面对的是刚刚迈出中学校门的高中生，他们的知识结构、价值观念、社会经验等方面尚未成熟，为此在各个学校的本科阶段开了很多人文类的选修课和相关学科的通识课程，如“法学导论”、“法律讲堂”等。但是这些选修课的授课核心和法学的理论教程存在比较大的差异，如法理学相对于哲学，宪法学相对于政治学，民商法相对于经济学等。在给学生规定的16门核心课程之外自由选择的选修课，其核心不能只是流于表面，只为学生的兴趣而设定。针对法学学生，选修课的设定应该要和法学素养的培育具有相辅相成的关系。如设立法律逻辑学、犯罪心理学、民法案例研习、刑事法务实训、法学方法论、法律哲学等诸如此类的能够促进学生的法学思维培养和法学素养提高的选修课。

（三）重理论、轻实践

法学是一门注重实践的科学，但是因为受到传统的教育模式的影响，现在的法学教育存在重理论、轻实践的问题。如今，实践教学和理论教学存在严重脱节的情况，在大学的大部分时间里面，都是以书本上的理论知识的学习为主，期末考核也是考书本上的内容，学生中存在考试突击、平时不认真学习的普遍现象。这种以书本开始又以书本结束的教学方法已经严重地影响到理论教学和实践教学的平衡发展。而在最后一年当中安排的实习，实际也是完全抛开了理论学习，从实践中去感悟，获得经验，没有和理论课上获得的知识取得较为密切的联系。基本上这样的状态是一种失控的效果不佳的教学模式。因为传统的教学模式已经不能满足现在的教学需要，即理论联系实际，理论指导实际的应用，如司法审判、法律实践。实践中获得的经验能够内化为理论问题，并进行较深层次的研究。我们应该有目的地学习理论知识，并且有目的地从事实践活动。在实际当中，毕业生实习也好，在校生暑期实习也罢，其实习的效果也得不到很好的保障，很多学生总会在毕业之后得出这样的结论：这几年在学校学的理论知识都浪费了，在司法实践中或者审判当中根本不是这样的，知识基本都用不上。在当今的社会存在这种现象实质上是一种进步的表现，因为我们在发现问题，也就意味着我们可以凭借一些措施来改善教学环境，从而达到进步的效果。形成这样的结论可以说是法学界的一种进步。但是既然能发现问题，我们就应该及时解决，而不应该试着逃避这样的严重问题。这个问题的根本原因就在于法学学科理论教学和实践教学没有找到更好的融合点，没有找到一种能够更好地协调理论教学和实践教学的教学方式。如果在学校学习的理论知识能够掺入一部分实践的因素（就如不要将学校的考核标准的全部重心放在试卷上，因为这样会必然的导致学生的应试心理，从而使得实践的能力培养终将落空），如果在校外实习期间能够让学生回归课本教学（如就近期审理过的案件或者律师手头上存在争议的案件组织一堂学习课，提升司法工作人员的理论水平），那么这样的问题将得到比较有效的解决。

另一方面，重理论、轻实践的原因还有就是教师本身的原因，在校的很多老师只从事理论研究，不注重实践能力的培养，大多缺乏实践经验。在美国法学院，法学教师尽管不从事兼职律师的工作，但是大多有从事法律执业的背景，有的是律师，有的是法官。因为他们比较熟悉业务，所以不管是实际生活中的法律问题，还是实际审判过程中的程序问题，都能比较好地解答。在德国，虽然占主导地位的教学方式是理论教学，但是很多法学教师也从事律师工作，有很丰富的办案经验。但是，我国大多法律院校的很多教师来自法律学院，是从本科生—硕士生—博士生一路走来，或许他们对理论教学有独特的看法、独特的眼光，也许也已经过了司法考试，但是大多没有实际办案的经验。尽管有些教师在外从事兼职律师的工作，但是他们更关心的是学术，而不是实践。可以说，在外兼职律师只是形同虚设，不能真正地反映教师的实践能力。还有就是培养计划为实践教学提供的空间非常有限，在目前各大法律院系的法律培养计划中，实践环节大约占学分的10% ~15%，这个比例就远远低于理论课程的学分比例。而且实践教学往往被安排到最后一个学期。这样的安排似乎合理，但是实际上，大部分高校对于毕业实习心有余而力不足，难以发挥毕业实习的真正作用，变成了走过场、走形式。

（四）实践教学流于形式

目前，大多数的学校都设有实践课，实践课的类型有模拟法庭、法律诊所、暑期社会实践、毕业生实习等。但是实践的教学没有形成具体的操作流程，换句话说，没有落到实处，存在很强的任意性。这样一来，既造成了实践教学的形式化，也造成了资源方面的浪费。一些教师和学生并不真正按照实践课的内容去做，也没有注重实践过程当中的实践体验。实践课程的目的在于让学生能够积累实践的经验以及能给自己今后在司法工作中的何种岗位做一个适合自己的定位，这是理论教学所无法做到的。这也是实践课程的特点，是理论课程无法代替的。如果不能达到这个目标，则一来造成资源的浪费，二来容易造成理论教学和实践教学的不平衡发展。如今实践课程只是仅仅注重调查报告、实践结果本身，而不侧重学生在实践过程中的付出和积累的经验。实际中也使得实践教学流于形式。这样的情况达不到实践教学真正的目的。毕业实习恰好处于研究生入学考试准备时期的攻坚阶段，或者忙于就业，再有就是准备公务员考试、国家司法考试等。另一方面，实习单位不会因为学生实习成绩优异而留用，也不会给实习生相应的报酬，导致了实习生对实习工作不能获得足够的实习动力。在高校研究生、国家公务员、司法考试等带来的利益面前，实习的经验积累成了一个被学生遗弃的角落。同时，实践课程流于形式的另一方面表现为没有将各类实践课程系统化。既然实践课程对于卓越法律人才的培养具有很强的进步意义，所以就不能只停留在制订计划上，更要体现在一步步地落实计划，也就是对每一类的实践课应该如何合理化设计，过程如何评价，教师评价、学校考核的标准等作一个系统化的设计，进行科学的阐述并提出切实可行的方案。

总体看来，法学本科的实践教学已经成为法学本科教育的软肋。我国传统法学教育受到我国传统教育“传道、授业、解惑”以及大陆法系重视理论体系和原理教育的影响，一直是侧重理论，而导致了实践教育流于形式，使得从事司法工作的毕业生还需要从助理、帮手等工作开始做起，不能独立地断案，不能独立地代理案件。近年来各法律院系积极探索如何开展本科生的法学实践教学，尽管取得了一定的成绩，但是相对于理论教学而言，实践教学显然还是法学教育的薄弱环节。

（五）教学方法单一

在目前，实践教学的方式比较单一，纵观各大高校，实践教学环节主要是在最后一个学期进行实习，包括社会调查、模拟法庭、毕业生实习论文以及毕业论文等。尽管教育部法学教学指导委员会制订的人才培养计划一级指标中列入了实验教学的方案，并把案例教学、模拟法庭演练作为子指标，但是实际上的落实并没有得到想象上的重视。在这个问题上，可以组织开拓另外的实践教学方式，比如证据实验、侦查实验等实验方式，增添实践教学的方法。除了实践教学方式单一之外，理论教学方式也很单一，绝大部分高校的法学教学都是教师讲授、学生听讲的传统的教学模式，和中学的教学基本没有差别，有的教师甚至讲课直接对准了课本念，既不能达到让学生独立思考的目的，也不能达到让学生思维创新的目的。对于理论教学而言，这着实不该。理论教学作为如今法学教学的主要培养模式，要全方位、多角度地去改变学生的学习方法，要力求培养学生的法学素养，要让学生懂得利用自己学到的理论知识指导自己的行为并且能影响他人行为。理论上的思考是理论教学方法要达到的目标，如果教学方式过于单一，势必会影响到学生对法学的发散性思考。教师的作用除了传道、授业、解惑，很重要的一点就是学会如何更好地将理论知识以更好的方法让学生自己领悟。

可以说全盘否定课堂讲授针对的是传统意义上的课堂“灌输式”、“注入式”的讲课方法。传统的课堂教学是说教式的教学模式，也就是课堂教学注重知识的灌输、理论的传授。这种教学模式当中，教师一直处于主导的地位，学生一直处于被动的地位，老师充当着权威的角色。这样的教学方式虽然在学生的领悟知识层面起了一定的作用，但是同样也扼杀了学生的思维想象的空间。而这个被扼杀的想象空间，是法科生所不可缺少的品质。

二、应用型、复合型卓越法律人才培养模式的转变

（一）偏重理论教育到实务教育的转型

法学是一门实践性的科学，重理论、轻实践的教育方法已经不能再适

应当代法学的要求，因为在具体的司法实践过程中，毕业于高校的法官、检察官、律师不能将自己所学到的理论知识和司法实践相结合，也就是说在法学教学中，实践教学和理论教学产生了脱节。社会急需应用型的实干法律人才，但是实干的法律人才同时也必须具备扎实的理论功底，所以就要求高校从法学的教育模式开始转型。转型的方向应该要对传统的教育培养方式进行相应的转变，只有这样才能够让法学教学的输出产品适应社会以及时代的需求。

（1）组织社会调查。社会调查的目的就是让学生知道真实的社会现状是怎么样的，了解社会主要存在的问题是什么，在法学界还有什么疑难问题是有争议的，什么是司法工作中遇到的前沿问题。只有让法科生确定了最根本的一些情况和问题，法学的实践教育模式才能有的放矢，才能更加有针对性，才能获得更高的成效，让学生多维度分析社会现象，从而能感悟在实践中与前辈们的观点产生碰撞。具体做法可以是让学生到工厂、农村、政府机关等了解一些真实存在的社会现状，实习结束时应当将其写成调查结果，来检验学生实践的结果并提高文字书写能力。

（2）组织庭审旁听。定期组织学生到不同级别的法院旁听，因为不同法院在对于一个案件的理解深度、处理案件的技巧等方面有着明显的不同。同样，到不同地区的法院旁听庭审，也可以让学生真实感受他们在未来的角色选择以及能从庭审旁听中获得一些宝贵的人生感悟。旁听的案件可以是刑事方面的，也可以是民事方面的。如果是刑事案件，就能多方面地体会到辩护方和控诉方在法庭中代表的利益的切身经历。如果是民事案件，就能更多地了解社会上存在的矛盾以及依靠法律的手段是如何科学地解决问题的。但是需要保证的是，学生一学期要参加两次或者两次以上的庭审旁听，并在期末以旁听感悟的方式结束该课程。

（3）组织法律咨询活动。法律咨询活动主要的咨询对象是社会生活中的大众，大众在日常生活中存在的问题，让学生们学会从法律的角度进行具体问题具体分析。在这个过程中，还能够锻炼学生与不同的人交流的能力，能够在社会上与更多的人进行法律上的交流。在咨询活动之后，要给咨询者法律咨询证书，并由被咨询者签名、学院盖章，按照解决问题的数量和质量去评估学生的表现。

（4）组织模拟法庭。这个活动一般适用的是高年级的学生，因为他们对于各个部门法以及法学理论的理解相对来说比较到位。模拟法庭的实际操作，能让学生熟悉司法审判过程和实体法、程序法在法学中各自能够发挥的作用，锻炼学生的分析问题、解决问题的能力和创新意识能力、语言表达能力、相互协调配合能力。在这个基础之上，让老师参与其中，让老师去引导学生的实践，去纠正学生的错误，从而更加高效地使得学生的实践能力得到提高。

（5）疑难案例的辩论。老师选定在当今法学界中颇具争议的疑难案例，或者是老师自己发现的法律条文容易产生歧义的地方，让学生大胆地进行辩论。其中没有对错之分，只要求能根据自己的想法自圆其说。每一个学生的想法都代表着该生对法律或者对法学学科的理解。老师应该从中发现问题，做下记录，并在理论课上进行详细的解说。在案例的讨论中，要本着思想自由的精神，不能抑制学生想法的萌发，也不能纠正一些奋进的言论。这是辩论中应该具备的素质。在疑难案例讨论结束后，老师可以适当地阐述自己的观点和看法，但是不应该误导学生问题的答案就该如此，因为大部分的疑难问题都是没有答案的。

（二）课堂教学到培养基地的转型

法学专业的教学中，因为学生的实践教育不足，故学生解决实际问题的能力不良已经影响了法学专业学生的就业问题。法学是一门实践性很强的学科，实践性只有在法学教学当中被视为十分重要，才能整体提高法学教育质量。而实践教学与理论教学不同的是，它不否认理论知识掌握的必要性，不止于认同式的掌握，它强调的是用理论知识去促进学生的实践活动，用实践活动去消化和理解理论知识。其中心在于培养学生创造性地解决问题的能力，培养学生敢于探索、勇于批评的精神。要求用大量的社会实践、生活中发生的各类案例，通过具体的案例研习，达到加深学生对法学理论和法律规范的全面理解的目的。与此同时，能增强学生思考问题、判断问题的能力，以及能够提高法学素养，为今后从事法律工作做好相应的准备。法学专业院校应该积极参与当地司法机关、司法行政部门、律师事务所的协商和联系，为学生的实习和实践提供较为稳定的场所。一方面，可以和附近区县的司法机关取得联系，组织学生和当地的法律服务机构合作，定期或者不定期到所联系的区县所在地为群众做义务的法律咨询工作，既使学生得到实践的机会，也可以解决群众的相关法律问题。另一方面，与当地法院联系，邀请当地富有审判经验的法官到学校模拟法庭进行开课，组织学生观摩旁听，增强对法学理论和诉讼程序的认识。

课堂教学模式要突破传统的教学模式，就要着眼于培养学生的实践能力。要将课堂教学的时间缩短，重视实践能力的培养。在这个过程中，学校应该具备如下条件：

（1）对硬件的投资。对法学学生实践能力的培养，不能停留在口头上，要建立法学学生自己的模拟法庭，以供实践教学之用。同时，学校对硬件的投资要以实地考察为前提。

（2）对实践课程的投资。实践课程要有质量，就必须加大对实践课程的投资，没有足够的资源，就无法保证课程质量。同时，要使得学生能具有充分的机会与外界的法律执业者进行交流，加大投资是很有帮助的。比如聘请当地法院法官到校参加模拟法庭的练习，并要求法官对学生存在的问题进行点评。

（3）考核评价标准要转变。实践课程不能和理论教学一样以试卷考试的方式结课，而应该以口试、面试的方式作为结课的标准。如果实践课程照样是按照理论课程的结课方式，学生的思维就不会发生根本性的转变。而只有作出一定的突破，才能得到奇效。

（三）培养目标转型

打造精英人才的培养目标——这个目标也是哈尔滨工业大学法学院对

法律人才培养的目标，具体来说，就是要采取各种各样的措施，特别是通过本科的奠基和研究生阶段的打造，为法科生在未来成为卓越法律人才打下基础。我们要培养的是具有高度法律意识的高级法律人才，未来的学术之星，社会上的佼佼者，与此同时，能够胜任国际组织和国际司法机构各项法律工作的国际性人才。这些目标的实现是一个潜移默化的过程。其中在本科阶段要打好基本的部门法律基础，设置情景去感悟法律，从大众的眼光到逐渐从法律人的视角看待问题。到了硕士研究生以及博士研究生阶段，应该对当今的法律制度有更加深刻的了解，阅读各国著名的专著，对比相同的社会问题在不同国家的法律规定，并找出其中的不足加以论述。据此，为了实现上述人才培养的目标，要求学生具备以下几方面的能力。

一是逐步具备比较全面的人文素养，建立自己的合适的价值体系。要让学生知道，无论干哪行哪业，都要懂得一些做人的基本的道理：先做人，后做事；先处理心情，后处理事情；要学会在竞争中合作，在合作中竞争；要学会并且善于与人沟通；欣赏别人的长处，发扬自己的优点。学习法律一定要明确，法律职业的最高目标就是追求公平与正义。学习法律不仅要掌握法律技巧，更重要的是坚守道德底线，恪守事业道德。因此，学生对正义的追求是寓于对具体的法律技巧的学习的。而法律信仰的养成，就在于多读书，多看报，尤其是重要的时事新闻；可以为学生指定一些专著，并且要求其写下读后感，增加思想的内涵和深度；在学生阅读书籍的时候，老师可以进行适当的辅导。

二是要具备研究能力。学生的研究能力，最初起源于学生在读法律书籍当中所培养起来的兴趣。学生的研究能力很大程度上取决于对专业知识的理解深度和阅读书籍的广度。沈阳师范大学通过大规模的调整和配置授课教师，使得主讲教师所讲授的课程和本人稳定的学术研究方向相一致。对大学本科生研究能力的培养是一项理所当然但是颇具难度的任务，因为在法学的本科阶段，对法律知识的把握比较粗糙，对法律思维的培养不太注重，对法律在社会中的地位不能很清晰地把握。提高学生研究学术的能力，不仅是对今后学生的学术水平，而且更重要的是对学生将来走进职场应对各种疑难问题，起了巨大的推动作用。我们认为这种能力是学生的核心竞争力。为了提高学生的研究能力，可以经常性地举办学子讲堂，让有话可说的人展示自我，让无话可说的人锻炼自我。鼓励让学生上台演讲，说出自己心中的想法，同时使得自己能够反思问题，结构性地放在法学的大方向里，进而能够提出相应的解决问题的方式。这对自己的兴趣培养会起到相当大的作用。

三是培养实践能力。法律是实践的科学。为加强学生的实践能力，沈阳师范大学建立了模拟法庭。建立模拟法庭的意义就在于，要走出课本，以现实生活中的实例作为研究的对象，进行严格的法庭实践。法学本科的学生是进取的学生，也是有社会忧患意识的学生，在着迷理论知识、思考理论难题的过程中，具体的实践可以带来灵感和启发。暑期社会实践，是检验学生在大学生活中是否将理论和实践相结合的最好的考查标准。开法律诊所，是另外一种法学实践的方式，将学生们在学习过程中思考的难点重点、教师在教学过程中提出的问题、社会上的热点问题等集中起来，让法律诊所的教师职工和学生们发表观点，这也是一种能够很好地促进学生实践能力的途径。另外一种提高法学本科生实践能力的途径是建立法律援助中心。法律援助中心可以体现两方面的意义：一方面，可以解决一部分群众的纠纷和矛盾，这能在一定程度上减轻社会中司法工作的负担，使得大学生在群众中的形象能更好地树立起来；另一方面，能使得学生更好地利用自己的课余时间，能更有效地投入自己的专业课的学习。在课外，可以通过组织各种辩论比赛，参加一些著名教授、法学家的系列讲座，提高学生的法学实践能力。

专业特色是标志性专业建设的灵魂，特色的定位是标志性专业建设的关键环节之一。特色专业定位应以人才培养目标为前提。近年来，沈阳师范大学在法学专业办学实践中，主动适应地方经济社会发展和多样化法律职业的需求，将法学专业建设定位为“人才培养与法律职业对接”的行业紧密型专业。在人才培养过程中，突出法学教育的实践性和职业性，注重提升学生的应用能力和专业技能，促进学业与职业的对接、毕业与就业的对接、学位与岗位的对接、专业与行业的对接，进而实现法学教育与法律职业的深度衔接，以达到培养复合型、应用型卓越法律人才的目标。

根据国家实施卓越法律人才教育培养计划的相关意见，沈阳师范大学将卓越法律人才培养目标确定为：培养具有坚定的社会主义法治理念、较高的人文科学素养、开放的知识结构、良好的法律职业道德和创新精神，并且具备扎实系统的法学知识、较强的法律实务和解决社会实际问题能力的高素质法律人才。

（四）考核评价模式的转型

考核制度应该向多样化转型。在素质教学中，考试是遴选法律人才的重要的途径，是学生全部学习过程的一个环节，是对于教学模式、教学目标、教学内容的一个片段性总结。考试结果可以反馈教学成果，检验教学目标的实现程度。所以，在素质教育中，考试的方式可以是各种各样的。但是，在应试教育中，考试被看成是提高学生的全面素质的唯一的方式。因此考试非常之重要，不可以变动，不然教学的终极目的就会落空。可以看出，不管是应试教育还是素质教育，考试都是最后一道环节。但是对于法学教育而言，考试必须要具有相当的灵活性，所以考核的方式必须实现向多样化的转型。

法学教学内容包括文化、思维、心理、思想品德、价值观念等多方面的培养。单一的考核评价模式无法实现目标。所以按照法学的学科特点，多样化的考核应该包括以下方式。

（1）闭卷考试。闭卷考试是传统的考核评价模式，是真正能够提升、沉淀学生在学校所学知识的一种模式，能够体现学生对法学知识的掌握程度、熟练程度以及实际应用的能力。

（2）开卷考试。开卷考试目前已经越来越多地被诸多高校所采用，作为期末的终极考核评价模式。开卷考试重在考查学生对知识的综合运用能力和分类整理资料、搜集资料、归纳资料的能力，还包括了查阅资料、整合知识、综合分析的能力。

（3）平时小测。在某一阶段，将该阶段教学重点反复提出并进行多角度的剖析和练习。有利于学生掌握重点难点的知识，并能更好地理解与之相关的法学知识，实现职业教育的必要目标。或是为了满足后续教学环节的授课与讲解，为后续教学铺平道路、打好基础，保证后续教学的高效进行。

（4）口试。口试的考核方式是法学学科灵活性特点的根本要求，口试能考核学生的临场应变能力和法学综合运用能力，不论是在适应能力上，还是心理素质上，都能拓展学生的知识广度和深度，同时使得学生的表达能力、思辨能力可以得到锻炼和不同程度的提高。

（5）成果测评。对于某一阶段的读书成果的测评是很有必要的，具体包括：学术论文，文献综述，项目成果展示，读书笔记等。这种形式的测评，有利于树立学生的信心和营造对法学的浓厚研究氛围。同时又有利于考查学生的学术水平，意在将课堂所学的知识运用于解决实际的问题。

三、卓越法律人才培养的课程体系设计

现代课程理论认为，课程是一种有计划地安排学生学习机会的过程，使学生获得知识和丰富体验。也就是说，在学生接受高等教育和成才的过程中，需要高校制订一个有利于其获取知识和丰富体验的计划和安排，而这种计划就是通过课程及课程内容体系来实现的。可见，科学完善的法学实践性课程及课程内容体系的制定和实施，不仅有利于丰富和完善法学学科教学内容，提高法学教育的质量，而且还有利于培养学生的创新精神和实践技能，对卓越法律人才的教育培养具有特别重要的意义。零碎、无章法的课程设计，无益于学生获取知识和丰富体验，无法培养学生的创新精神和法学实践技能。因此，我们必须紧密结合卓越法律人才的培养目标，充分尊重法学实践教学工作的内在规律及实践性课程的基本特点，结合学

生在社会化过程中完善人格形成的需要，丰富和完善法学实践性课程内容体系，以增强法学实践性课程教学在卓越法律人才教育培养中的实效性。

从总体上说，现在的法学本科毕业生就业难是与过于死板的法学核心课程体系有关的，这种全国整齐划一的课程体系约束了各类法学院发挥自身特色。各法学院校只顾看教育部的课程内容的指挥棒，而对社会到底需要什么样的法学专业人才根本不关心，更不用说培养社会急需的法律卓越人才了。法学院校对学生的培养方案设计，也不会主动去研究大学生毕业后究竟缺什么，过于依赖核心课程体系，按部就班，而忽略了社会的需求。目前教育部高等学校法学类专业教学指导委员会设立的16门法学核心课程体系的确发挥了培养法学本科生宽口径、厚基础的指导作用，但是一刀切的做法，不利于部属重点院校和省属法学院校（或西部地区）培养不同层次的卓越法律人才。不能简单地将其作为国家标准统一要求各层次法学院都整齐划一地按照统一的学分进行课程设置。课程设置要求的泛而不精，是目前教育部高等学校法学类专业教学指导委员会规定的核心课程体系存在的问题，其结果就是将法学应用型优秀人才的培养变成了法学通识教育的大众化人才培养，造成毕业的学生不能适应各行业对法律人才的需要。我国各高校目前都在严格控制课堂理论教学学分，尽可能加大学生的实践学分和其他公共课的学分，法学核心课程的理论授课时数都普遍在压缩。如果硬性要求哪一门核心课程一定要多少学分，必然就会挤占学生更多地自由选择跨学科学习的空间。具体来说，应当对该项政策适当地放开，允许地方高校对16门核心课程中的部分课程的学分进行降低设置甚至不作为必修课进行设置，不同地域的省属法学院校应该自由地设计一些核心课程的学时。这样的做法并不会影响人才培养质量，反而会提高学生主动自学的积极性，也为各法学院有针对性地开设一些部门法选修课，为某些行业培养特色法律人才创造了空间。例如，许多法学院单独开设有会计学、金融学、工程预算学、管理学等选修课，丰富了学生对专业模块的系统性学习，体现了为地方法制建设服务的针对性和行业特色性。①

2012年，沈阳师范大学在“卓越法律人才教育培养基地”建设中大胆创新和探索，参考了全国26家法学知名院校的培养方案，重新修订法学专业培养方案。新的培养方案明确了卓越法律人才培养的目标和标准；进一步凝练了专业核心课程；丰富专业选修课，并设置了基础理论课模块、部门法模块、实践与实务技能模块、知识拓展模块。根据分类培养的不同模式，学生可按要求在各个模块中自主选择课程。修改后的培养方案中，专业实践课程达到33学分，占总学分的20%。

学生在一、二年级重点学习16门法学专业核心课程。教师在教学的过程中，以学术为目的引导理论提升型的学生打下扎实的法学理论功底，并引领学生纵深到理论研究的层面；以实践为出发点鼓励应用型的学生掌握基础理论，并倡导学生尝试以理论解决实际案例。三年级的学生根据分类培养的不同模式，可按要求在开设的基础理论课模块、部门法模块、实践与实务技能模块、知识拓展模块中自主选择课程，完成学分。基础理论模块的课程主要面向理论提升型的学生，以进一步提升理论知识；部门法模块的课程主要拓展学生学习和兴趣范围；实践与实务技能模块的课程包括案例研习课组、法务实训课组、模拟法庭和法律诊所等综合实践课组，其主要面向应用型的学生，提升他们运用法律理论解决实际问题的能力；知识拓展模块的课程设置有侦查学、鉴定技术、心理学等与法学相关的课程，面向所有的学生，主要为开拓学生视野和学习兴趣。针对课程体系的改革，学院已经要求教师根据学生的不同方向，凝练授课内容，精讲课程，减少或取消艰深理论问题的讲授，或留给富有余力的学生课外研究；着重改变原有的传统授课方式，以引导思考和“授人以渔”的方式取代通堂的知识传输，目的是培养学生学习和研究的主动性，提升学生对法律职业的认识；并注重过程考核，改革传统的考核评价机制。

---

① 廖斌：“地方高校培养卓越法律本科人才探析”，载《河北法学》2011年第12期。

要培养适应多样化法律职业要求的人才，我们只有立足于“宽口径、厚基础”的根本目标来设计各类课程。这些课程旨在培养当今社会所需要的全面发展的新型法律高级专门人才，他们必须具有公平正义理念，具有完善扎实的跨学科基础知识，具有深厚优良的法学学科体系知识、法律职业素养、法律职业能力和法律职业道德，具有良好的身心素质，具有国际意识、创新精神和实践能力，能适应我国经济社会发展、法制建设需要和法律职业特殊性要求。针对这些要求，可以从以下几个方面来分别改造现有的法学课程体系。

（一）*以素质和能力提升作为课程设计原则*

课程设计直接体现了办学理念，是实现人才培养目标的基础性工作，是高校深化教学改革、提高人才培养质量的重中之重。因此，要实现前述厚基础、宽口径的应用型法律人才培养目标，就必须将素质和能力提升作为课程设计的根本性原则，以基础性、现代性、应用性奠定专业核心竞争力。所谓的基础性，是要打好学生日后学习、拓展、更新、应用知识，稳定成才并持续发展的底子。注重传授给学生以不变应万变的那些基本而普遍的法律知识、日后处理各种复杂法律问题所必备的法律原则和规则，并在传授知识的过程中更加注重学生法律素养的培育，尤其是对公平正义这一基本法律价值的信守和实事求是精神的坚持。毋庸赘言，16门法学学科核心课程的基本知识是一种基础性的构成，并对特色方向课程或侧重或增加。但这里想强调的是基础，即传授的是法律知识，而非法学理论。换句话说，不是将法律作为学问去深究，而是将法律作为制度、作为知识去了解、熟悉和掌握，在掌握中将能力的提升作为根本目标。变革传统法学教育过于注重理论的现象。所谓的现代性，就是在课程设计中力求克服“用昨天的知识教今天的学生做明天的工作”这一传统教育的弊病。在这方面，信息科学提供了可能和条件，保证了课程的时代性和开放性。如编写可以随时更新的电子教材，建立学科专业课程平台，运用现代教育手段和网络技术，将最前沿的学科动态、区域或行业发展动态提供给学生。这不但可以弥补传统纸质教材所必然带有的滞后性、与行业和区域经济联系不紧等不足，同时也有利于学生及早感受实践，增强学习的目的性，强化专业特色。这远比纸上谈兵的仿真实践训练要有效得多。所谓应用性，是基于人才培养的目的在于应用而提出“以培养知法、懂法、躬身实践的法律人才”。为此，必须注重学生辨识问题、分析判断问题、解决问题能力的培养。应用能力不仅需要通过案例教学、诊所式教学及实践教学训练而成，而且还需要学习必要的边缘知识，更需要法律思维方式的培育。“教会学生能够像法律职业者那样去思考问题”是多角度合力作用的结果。

具体来说，在课程设置方面应突出“宽口径，厚基础”的人才培养要求，对核心专业课程的科目、课时以及开设阶段的合理性和科学性进行反思与调整。目前教育部已确立的法学专业核心课程范围十分明确，但反过来又限制了高校法学专业课程改革对课程自由选择的余地。专业必修课和选修课的合理衔接与科学设置是目前需要重点解决的问题之一。从长远来看，应修改核心课程目录，增设一定比例的实践课程，开设律师实务课程模块、检察实务课程模块以及审判实务课程模块课程，切实提高学生的法律诠释、推理以及论证能力。另外，还应注意法学专业与其他专业学科之间的交融与发展，开设相关保险、会计、金融、科技、建筑工程、房地产、经济管理等方面的选修课程。开设多元课程模块，如金融法课程模块、房地产法课程模块、知识产权法课程模块、环境保护法课程模块、科技法课程模块等，实现法律知识与相关理工科知识的勾连与融通，进行学科背景的拓展与延伸，打破专业壁垒。就学科而言，法学是独立的。但就宽口径的应用型法律人才而言，必须具备经济学、管理学、社会学、伦理学及逻辑学等方面的知识。由于只有四年时间等客观条件，需要创新课程设计，将相关学科与法学之间的交融与互补作为着眼点，根据特色需要构筑跨学科、综合性的知识体系。同时，应用性还要求我们重视法律思维方法的培养，改变以往法学教育注重法学理论的阐释、演绎以及法律条文注释的惯性。在讲授知识的过程中通过以案说法，结合社会实践如金融危机、行业热点等现象阐释课程的重点、难点等方式来传授法律思维方法，即运用法律的原则、概念、技术和制度去分析、解决问题的方法。由于法律思维方法具有积极的实践指向，是一种将社会经济管理活动向合法行为转换的方法，因此，以学习这一方法为中心，有利于将法律的原则与法律的知识、技术相结合，有利于把法律的知识、技术与实践相结合，从而将应用能力的提高与法律素养的培育融为一体。[①] 因此，法律思维方法的学习当是应用型本科院校法学教育的重心所在，亦是创新课程设计的着眼点所在。

总体来看，我国现行的法律人才教育培养模式在教育培养理念上存在严重的偏失，其以法学理论教学为主，注重系统的法学知识的传授和学生理性思维能力的培养，而缺乏对学生实践能力、应用能力和创新能力的培养。卓越法律人才教育培养计划的提出主要是针对我国现行法律人才培养模式存在的弊端。我国现行的法律人才培养模式基本沿袭了前苏联所谓的对口教育、专才教育模式。这种教育模式偏重学生基础理论知识的养成，忽视学生应用能力的培养。培养模式相对单一，学生实践能力不强，应用型、复合型法律职业人才培养不足，直接导致法律人才培养与社会实际需求的错位。我国高校法律人才培养模式的上述弊端如不尽早从制度设计上着手加以解决，必将动摇我国高校法学教育的理性基础，同时也会使我国法学应用能力培养环节由于缺乏必要的实验、实训和实践平台保障而流于形式。

（二）应用型、复合型卓越法律人才培养的整体框架设计

卓越法律人才教育培养计划的基本思路是：适应多样化法律职业要求，坚持厚基础、宽口径，强化学生法律职业伦理教育，强化学生法律实务技能培养，提高学生运用法学与其他学科知识方法解决实际法律问题的能力，促进法学教育与法律职业的深度衔接。我国卓越法律人才的教育必

---

① 李金玉、金博："论卓越法律人才培养目标的内涵及其实现"，载《长春工业大学学报（高教研究版）》2013 年第 4 期。

须是为国家培养社会主义法治事业的接班人，培养了解中国国情和适应基层社会法制建设需要的优秀应用型、复合型法律专门人才。近年来，为加快社会主义法治国家建设，切实提高法律人才培养质量，根据经济社会发展的需要，我们对创新法律人才培养模式进行了一些积极的探索。我们提出主动适应开放办学条件下经济社会发展对法学人才的实际需求，优化专业培养方案，凝练专业培养方向，突出人才培养的实践性、应用性，着力培养综合素质高、实践能力强的应用型人才。当然，这也是提高法律人才素质的基本要求，法律人才要提高自身的素质就必须增强自己在实践中应用法律知识的能力。为此，地方高校必须以社会需求为导向，对法律人才培养模式进行全方位改革。学生在校内学习阶段，高校要加强对学生的法律文化基础知识和逻辑思维能力的教育训练，课程体系和教学内容的设计要以强化学生法律实践能力、服务社会意识与语言表达能力为核心，着力推动实践性学习方法，加强学生综合素质和创新能力训练，加强跨专业、跨学科的复合型人才培养。学生在法律实务部门学习实践阶段主要是学习实务部门的工作文化、社会交往能力和分析处理具体问题能力。学校在培养学生职业技能、职业精神和职业道德的同时，更加注重用社会主义核心价值体系和社会主义法治理念引领学生思想成长，有效引导学生树立正确的执法和用法理念。具体分为以下四个方面。

1. 以人文社科等课程拓宽学生知识体系

大学生的人文素质是通过系列课程的教学来不断提高的。素质就是一个人的身心修养，是一个人所具有的稳定的特定品质。它来源于知识，来源于自我参与社会实践的体悟。一个人一旦具有了较高的人文素质，可以按照社会规则，充分运用、拓展所学知识，不断增强个人能力。对于在校大学生而言，摄取广泛的知识，是提升个人素质的重要途径。一个卓越的法律人才应该具有什么样的知识结构，是一个值得通过实践不断研究和总结的课题。例如，广州大学对于律师方向学生的要求是：（1）除了完成通识类必修课程以外，还必须跨学科选修 6 门通识类课程。学生可从学校开设的300多门通识类课程中任选6门。（2）必须完成2门法律方法类课程，包括法哲学、法律方法论等。

目前各高校的法学专业课程设置大同小异，主要包括全校基础课程、专业必修课程和专业选修课程，且专业课程主要是按照教育部公布的16门法学专业核心课程来设置的。教育部指定的核心课程基本涵盖了法学专业的基础知识，也基本可以适应法学教育初级阶段的要求。但是卓越法律人才的目标定位是培养具有广阔知识背景的高素质人才，这就要求在专业人才培养初级阶段课程设置的基础上注意适当兼顾其他学科。这一要求在课程设置上的体现就是要在课程设置中以法学专业课为主，加入政治学、管理学和经济学等人文社科类学科作为入门课程。这样的课程设置有利于开阔初学者的视野，培养其分析问题、解决问题的深度和广度。作为高素质的专门人才，卓越法律人才首先必须具备知识、能力、德性协调发展的综合素质，形成爱智、求真、向善、至美融为一体的完善人格。因此人文社科等课程教育在卓越法律人才培养的过程中具有基础性价值与决定性作用。确立“孕育人文精神，增加科学素养，锤炼公共品质，拓宽知识视野”的通识教育目标，以“核心课程均衡选修”为基本模式，打造“有灵魂的通识课程体系”，以打造文明熔炉为目标，融合不同领域的学术内容，开设中华文明通论和西方文明通论两门跨学科、综合性的全校必修课程作为通识教育的灵魂。为了使学生获得整体性的知识，形成统合各类通识课程的逻辑主线，在通识课程体系中设置人文素质类、社会科学类、自然科学类与法学类四个通识选修课程板块，并在其中选择与学生四类基本素质最密切相关的课程。层次分明、覆盖全面、结构合理的人文社科通识课程体系为卓越法律人才的培养奠定了坚实的基础。①

2. 以法学核心课程和选修课程奠定学生专业知识体系

法学理论知识是进行法律实践的基础和前提，没有一定的理论知识作

---

① 邓成明、绍维国：“地方高校法学专业设置律师方向及课程建设的探索”，载《黑龙江教育》2013年第12期。

指引，学生今后的法律实践只能是停留在程序化地完成工作层面，无法实现理论对实践问题的指导，即便设有再多的法律实践环节，学生对实践的内容也会是很茫然，其法律实践所获得的知识也必定十分零散、有限。因此，一个学生要成为卓越法律人才，首先就必须掌握系统的法学理论知识。作为一门社会科学，法学具有其自身的规律、结构和体系，真正的理论对法律实践有极大的指导性、推动性作用。法学专业教育的基本任务就是，按照教学计划要求，循序渐进、由浅入深地使学生掌握和了解各门课程的基本理论，不可偏废其一。因此，理论教学不能放松，这是法学教学规律自身的必然要求，也是应用型卓越法律人才必备专业理论知识的基础。

大学生在校学习的时间是有限的，如何安排好通识课程与专业课程的比例值得探讨。只有确立法学专业教育与人文教育均衡发展的价值取向，才能真正实现通识选修课在应用型卓越法律人才培养中的积极作用。以美国的通识教育为例，美国大学课程主要包括主修课、通识课程以及自由选修课三大类。[①] 其中通识课程则是依人文学科、社会学科、自然学科而编排设置的。专业必修课在知识、能力和素质框架下，所起作用基本是知识传授，而专业选修课所起作用应该定位在培养能力。而现有的必修课程学分和选修课程学分很明显偏向于知识传授型。因此，从应然的角度，从课程体系科学化的角度，首先有必要缩减专业必修课的课时，其次可以考虑降低专业必修课的学分。鉴于此，通识选修课教育教学的顶层设计，即在课程设置上可以考虑法学专业核心通识选修课（必修）、一般课程（均衡任选）的形式，建立层次分明、覆盖全面、结构合理的通识课程体系，为应用型卓越法律人才的培养奠定专业知识基础。

3. 以跨专业选修课程辅助学生构建复合型知识体系

在实现专业必修课层面上的改革目标，即缩减专业必修课的课时和降

---

① 卢芳华："论通识教育与应用型卓越法律人才的培养"，载《华北科技学院学报》2013 年第 3 期。

低必修课学分之后，更多的课时和学分就会被分配到专业选修课和跨专业选修课程体系内。现在各大学法学院跨专业选修课存在的问题主要是：（1）跨专业选修课开设课程多且庞杂，而学分又非常有限，既造成学生在选课时的盲目性，也造成教学资源的浪费；（2）跨专业选修课设置过于笼统，且没有鲜明特点，无法实现其实践能力培养的目标，等等。这些现象其实说明了一个问题，就是跨专业选修课的制定缺乏科学课程观念。跨专业选修课应定位于教授专业知识和工具知识，主要培养学生的实践能力。这应该是一种“能力中心”的课程观。能力中心的课程观要求将法律职业活动的组成元素找出来，并确定实践这种职业活动的方法与标准，以此作为课程开发的依据。

国内各高校的法学院在设置跨专业选修课时，经过多年的实践与摸索，已形成了具有一定特点的跨专业选修课体系。总体而言，共有两种设置方式：第一种为跨专业选修专业课群式，典型代表为清华大学法学院、北京师范大学法学院，主要特点就是在跨专业选修课内设置多个不同方向的课程群，例如刑法方向、民法方向等，每个方向下设若干门课程，要求学生选课时在一个或者两个方向内进行选修；第二种则为大多数法学院所采取的普通跨专业选修课方式，不专门设置课程群，而只是一般地建议学生在选课时注意自己的专业发展与侧重。可以看出，这两种专业选修课设置方式各有利弊，尤其在学习的“专”与“广”问题上的争辩很难得出统一结论。西部地区、民族地区高校法学院的跨专业选修课体系大多属于第二种方式。

如果不能在短时间内从根本上解决“专”与“广”的问题的话，那么目前至少要在现有模式下全面改造跨专业选修课：（1）确定设置跨专业选修课的基本原则，那就是有利于实践能力的培养和提高。为此有必要区分知识型专业选修课和实践能力型专业选修课，前者基本是专业必修课的补充或者辅助，而后者则是以培养学生的实践能力为基本目标，如开设民事法律诊所、刑事法律诊所、刑事审判实务、民事审判实务、行政审判实务、民族法律实务等课程。（2）设置课程时，尽量减少知识型课程比例，增加培养实践能力的课程。在多年的教学实践中，我们经常会产生如果学生学不会该如何是好的担心与忧虑，这是在课程以传授知识为主的模式下才会出现的问题。当课程转变为以能力塑造为主的模式后，就会面临一个“授之以鱼，不如授之以渔”的问题。如果学生不能很好地掌握学习和运用知识的能力，在当今这个知识爆炸的时代，我们的担忧就会永远持续下去。（3）在课程设置上，侧重体现多样性。中国现有的法学教育体系具有比较明显的西方法律影响的痕迹，本土化则是法学教育必须考虑的一个问题。在课程设置和设计上，我们除了要考虑一般的法学教育本土化以外，还必须体现民族文化的多样性。

4. 以独立的实践课程体系提升学生的法学实务能力

法学是一门实践性极强的学科，法学人才应当具有较强的社会实践能力。实践应用能力是应用型法律人才的核心能力。它要求法律人能够将法律专业知识与法律实践有机结合，既能够有效地运用法律专业知识解决法律实践中的问题，又能在法律实践中丰富法律专业知识，进一步提高应用法律知识的能力。具体而言，卓越法律人才应当在大学四年学习期间完成对法律工作从未知到知之再到熟练应用这样一种质的飞跃，即能做到毕业后在较短的时间内就能适应各类法务实践活动，在工作中具有较强的发现问题、分析问题和解决问题的能力，能够灵活运用法律和相关的理论知识解决实践问题，既有写作能力，又有语言表达能力，还要具有果断处事的应变能力。传统的教育方法过于偏重知识的传授，对实践能力要求不高，缺乏必要的实践（职业技能）训练，这恰恰是传统教育的重大缺陷。强化学生的法律实践能力是卓越法律人才教育培养计划的重要目标。因此，必须要强化法学实践教学环节。其基本做法是要在整个教学体系中缩减理论教学环节的分量和比重，加大实践教学环节的分量和比重，确保法学实践环节累计学分、学时不少于一定的比例。当然这种调整并不是要将实践教学和理论教学对立起来，并不是不考虑理论教学的内容和目标，而是要摆脱实践教学从属于理论教学的状态，提升实践教学在法学教育中的地位和分量，从而形成实践教学与理论教学有机结合、相互联系、紧密配合，围绕学生法律职业培养目标，侧重学生应用能力培养的新型教学结构体系。

四、卓越法律人才培养教学方法改革

卓越法律人才的教育培养是一个复杂的系统工程。要培养卓越法律人才，首先要从法学教学改革抓起。只有综合考虑经济全球化对跨国法律人才的需求、我国的社会转型、法律制度变革等多种因素，从教学方法、教学模式和师资力量等方面对法学教学进行全面、深入的改革，才能适应国际、国内对卓越法律人才的需求。

（一）富于实效的教学方法改革

教学内容要通过一定的教学方法来传授。教学方法是否适应学生的需求、与学生的求知欲是否吻合、与人才的标准是否一致、能否实现教育质量的提高，决定了教学的效果与质量。教学内容如何改革应视不同学科确定，而教学方法则是不分学科可以自由地创新和变革。所以，教学方法改革是教学改革最佳的突破口，凡成功的教学改革，盖以寻找最佳教学方法从而获得预期的改革成效。教学方法的改革，并不是对传统的教学方法全盘否定，也不是脱离传统大幅跳跃地更新，更不是对长期教学实践中总结出来的好的经验与技能的简单抛弃，而是对既有传统的改进。基本思路是：以课堂讲授为主，以其他方式和计算机等手段为辅。课堂讲授是指教师按照既定的程序和思路讲解教学内容，主要是传授知识、全面地展示教学内容。但单纯的讲授难免沉闷，不利于调动学生的参与以形成教与学的互动，因而需要灵活地交织运用多种教学方法，如提问式、讨论式、设置情景式等方法，改单纯的讲授式为多种方式并用，改教师单一的满堂灌为教与学的互动促进，改威严的师道尊严为宽松平等的教学气氛，改口授笔书的古老方式为广泛采用多媒体、音像影视现代化手段。教学方法改进了，方式灵活了，教学气氛活跃了，学生的参与意识增强了，学习的积极性提高了，教与学双向互动促进，变被动学习为主动学习，变跟着教师思路走为积极思考，变简单的知识积累为思维训练同步进行，这样的教学自然就能提高质量。参与式教学，推动理论学习与法律实务的高度交融。为保障上述目标的实现，一方面要刺激、推动学生参与的主动性和积极性，比如明确规定将课堂参与的次数、互动效果、课前准备和课后思辨等作为考评课程成绩的主要指标，确立科学合理的奖惩机制，改变单一的考试方式；另一方面，在与公检法等实务部门实现互聘制情形下，师资输出、充电过程中应保证聘期的合理性以及聘请内工作的操练性，否则难以达到提升专业教师实践能力的目的。除了法律实务部门，高校还应该与国有企业、跨国公司、研究机构等用人单位进行人才共同培养，以符合市场多元化的选择要求。

哈佛大学校长 Charles Eliot 曾指出："法律教育需实际解决的问题并不是教什么，而是如何教。"因此加强教学研究和教学方法的改革，注重对学生实践能力的培养，是培养卓越法律人才的关键。教学方法具有一定的共性、普遍性、规范性，因此，教师应在把握共性的基础上结合教学目标、教学内容、学科特点等要素选择适合具体课程的具有个性的教学方法。针对法学本科教学而言，在选择具体教学方法上主要应遵循以下原则：第一，根据教学目标选择教学方法。教学方法总是围绕着一定的目的服务的，因此在所有制约教学方法选择的因素中，教学目标是教学方法选择所要依据的重要因素，亦即一种教学方法是否合适，最主要的衡量标准就是看这种方法对于达到教学目标是否起到应有的作用。教育部、中央政法委员会《关于实施卓越法律人才教育培养计划的若干意见》将培养高素质、高质量卓越应用型法律人才作为教学目标，因此在教学方法上就应当以实践性教学为主，重点培养学生对知识的实际应用能力。比如案例教学、启发式教学、讨论式教学等方法就可以培养学生的思维能力、创新能力、分析能力、表达能力等。第二，根据教学内容选择教学方法，教学方法应与教学内容相匹配。不同的授课内容需要用不同的、多元的教学方法去传授。比如应根据理论学科和应用学科的不同、实体法和程序法的不同等，选择适合本学科性质和特点的方法。除此之外，法学教学方法的重心应以学生自身发展为本，引导学生发现、思考和解决法律问题，培养法律思维。在教学中应当调动学生的自主性、积极性，促进学生创新意识和创新能力的培养。教师应结合自身的特点和授课对象的情况综合考虑，选择最适合的教学方法。考虑到学生对法学基础知识的掌握有一个过程，想完全通过法学基础课程的教学手段革新来实现增强法学专业实践性教学任务显然是不现实的，为此，我们有必要在现有的课程结构中增加一些实践课程。如西南科技大学法学院就对课堂体验式教学和诊所式法学教育进行了多年尝试和创新，其主要内容就是改革现有的法学课程模式和教学模式，增加实践性，让学生在法律实践中增长知识、提高应用能力，收到了良好的效果。

我国目前的法学本科教育主要依托所谓的规划教材，以教师在课堂单向主讲为主，教学手段十分单调，黑板、简单的多媒体、教师的一张嘴便构成了教学的全部。这种方法使得法学课堂教学变成单纯的知识灌输和授课任务的机械完成，灌输式教学方式忽视了学生自己发现问题、分析问题、解决问题的能力，按照这种模式是不可能培养出创新型的卓越法律人才的。对此，我们必须加强课堂教学模式的改革，增加应用性、实践性教学方法，使得学生能够在教学过程中边学习、边思考、边实践。[1]

（二）富于规模的教学基地建设

法学教学实践基地是卓越法律人才教育培养机制的重要载体，是加强高校和法律实务部门联系、强化学生法律实务技能、确保实践教学质量和效果、促进法学教育与法律职业深度衔接的重要举措。高校应当积极加强同法律实务部门的合作，共同规划、开发、建设和利用校内外教学实践基地。基地建设应当建立严格的管理制度，对于基地的建设、使用等都要予

---

① 廖斌："地方高校培养卓越法律本科人才探析"，载《河北法学》2011 年第 12 期。

以明确的规定，同时要加强基地管理队伍的建设，设立基地负责人制度，全面负责基地的建设、使用等方面的事情。此外，还要设立基地建设的质量监控体系，对于基地的使用、运行等效果给予必要的监督和管理。法学实践教学基地建设必须坚决贯彻专业针对性原则。①

法学实践教学基地必须满足多样化法律职业人才培养的实践需要，因此，在法学实践教学基地的建设上应当考虑一定的覆盖面。但这并不是对法学实践教学基地法律专业性特征的否定，法学实践教学基地建设必须针对培养人才的法律专业性要求，主要选择在从事法律事务的机构，如法院、检察院、律师事务所等进行为宜。此外，在实践教学资源的利用方面，我们也可以进行一些有益的尝试。譬如，上海交通大学凯原法学院就尝试过把模拟法庭开在法院的做法，教学效果非常显著。最近，他们还设想将拟建中的法律诊所教室与太仓市劳动人事争议仲裁院仲裁庭尝试通过多媒体视听系统直接对接。这样，法律诊所学生既可以通过实施远程听审，实时观摩仲裁庭对典型案件审理的全过程，还可以避免现场观摩因限于仲裁庭纪律，学生无法主动作为所带来的问题。法律诊所教师借助多媒体视听系统可以直接对庭审中出现的问题及庭审效果进行点评，学生也可以对此直接发表意见。而且，在庭审结束后，诊所学生和老师还可以通过多媒体视频与庭审现场的法官、仲裁员及承办律师直接互动，提高庭审观摩的教学效果。同样的，校外的实践教学指导老师也可以在远程直接参与指导诊所学生在诊所教室内进行的法律实践活动（譬如模拟法庭、疑案辩论等），以免影响指导老师正常的工作安排。除此之外，对于实务部门审结案件的案卷资料、高校的图书资料等资源，双方也可以通过一定的合作形式实现共享。

法学实践教学基地的建设得到了我国相关部门的大力支持。国家卓越法律人才教育培养计划随着教育部第一批“人才教育培养基地”的批准已

① 张杨：“创新与重构卓越法律人才培养模式研究”，载《现代教育管理》2013年第6期。

进入实质性的实施阶段，注重实践的教学模式也得到了肯定。在计划的实施和基地的建设过程中，围绕法学实践教学工作的研究和探索还将持续展开。地方性卓越法律人才教育培养计划项目建设经费以学校为主筹措，由省级地方财政依托“本科质量工程专项经费”提供必要的政策支持与经费补助，地方院校自身加大对卓越法律人才培养计划的支持。就开设法学专业的地方高校而言，无论是以理工为主的院校，还是农林医类院校，在其学科结构中，法学专业并不属于重点建设的学科。但卓越法律人才教育培养计划是新中国成立以来教育行政主管部门颁布的第一个关于法学高等教育的专门指导性文件，也是教育部在社会科学领域最先实施的卓越人才培养计划。地方院校自身应当顺应国家教育政策变革导向，为法学专业的发展提供特别支持，壮大师资队伍，提高法律人才培养质量。而法学专业的发展既能对地方高校其他相关专业的发展起到促进作用，也是对地方性卓越法律人才教育培养模式的有益探索。地方院校应支持本校法学专业参与国家级或地方性卓越法律人才教育培养计划，为争取成为卓越法律人才教育培养基地创造条件。

（三）适应卓越法律人才培养需要的师资要求

卓越的师资队伍是卓越法律人才教育培养的先决条件。教师队伍的质量和水平决定着卓越人才培养的质量和水平。高素质的师资队伍是教学质量的根本保障。所谓高素质，是指热爱祖国、热爱教育事业，有正确的教育观、质量观、人才观，有较高的政治素质与业务素质，教书育人、为人师表、爱生敬业，掌握教育规律、积极教学科研，勇于探索创新、尊重学生爱护学生等。作为法律专业的教师，具体而言，必须具备强烈的责任感和奉献精神，必须具有较强的业务素质，必须具备一定的实践经验，并能够在整个教学过程中兢兢业业履行教师的职责。生源再好、教学条件再优越，如果缺乏高素质的师资，就很难培养出高质量的学生。教师在课堂上讲授是通过语言来传播知识、传播思想、传播文化、灌输现代民主与法治思想；但教师更应该在教学内外以自己的言行播种理想，指引道路。所以，教师需要具备敬业精神，对教育事业和自己的专业应当有责任感，能以科学和严谨的态度治学，全身心地投入教育事业中；教师要有包容心，能够包容学生的创造性想法和独特见解，即便是微小的鼓励和肯定也会产生巨大的精神力量，而不能以严厉、驯服的教育方式禁锢学生思想和自主的个性；教师必须保持积极和建设性的心态，时刻关注本学科的前沿问题和发展方向，并将研究成果、新见解、新动向不断地充实到教学中；教师应当是学生的引路人和顾问，应当对学生成长过程中的难题答疑解难，指引学生通过努力而能够达到的专业方向。目前在我国，法学院系普遍缺乏理论功底深厚且法律实务经验又很丰富的“双师型”教师，[①] 这种状况显然无法完全满足卓越法律人才培养的师资要求。要解决这一问题，一是要实施高校与实务部门人员互聘计划。对现有的师资要进行法律实务的锻炼，选派法学骨干教师到实务部门挂职，增强法律实务工作能力和经验。同时聘请法律实务部门具有丰富实践经验的专家到学校任教，承担部分法学专业课程的教学任务。二是要鼓励法学骨干教师到海外学习、研究，提高专业水平和教学能力。三是要积极引进海外高层次人才和教学团队，聘请世界一流法学专家学者到国内从事教学、科研工作。另外，对现有的师资力量进行整合，构建起理论教学和法律实务相对独立的教学队伍，也是一种可以考虑的方案。[②]

法学教学团队建设是卓越法律人才教育培养机制的重要保证。我国现有法律人才培养模式下的教学团队建设还多限于高校自身师资力量的内部整合，缺乏同实务部门的横向联合和优势互补。为了更好地实施卓越法律人才教育培养计划，高校还应当加强同实务部门的合作。高度整合和调动高校和实务部门中的优势资源，共同组织教学团队，积极探索高校与法律实务部门人员互聘制度。一方面，应鼓励支持法律实务部门有较高理论水

① 叶永禄：“构想与建议：对完善我国法学实践教学的思考”，载《黑龙江省政法管理干部学院学报》2013 年第 2 期。

② 陈铁水：“法学本科教育改革的思考”，载《云南大学学报（法学版）》2006 年第 3 期。

平和丰富实践经验的专家到高校法学院系任教，参与校内教学实践环节的建设。另一方面，也应鼓励支持高校教师到法律实务部门挂职锻炼。[①]

制定一个科学合理的卓越法律人才培养方案并不难，难的是实施该方案。建立一支适应卓越法律人才培养需要的优秀师资队伍无疑是实现卓越法律人才培养目标的关键。地方高校卓越法律人才教育培养计划的实施能否取得成功，关键在于教师，关键是看我们能否建设一支满足卓越法律人才培养要求的高水平教师队伍。卓越人才的培养需要我们下工夫从高等教育管理到教学内容上不断地改革创新，每一位法学教育工作者都任重而道远。

---

① 夏锦文："卓越法律人才教育培养的基本问题探讨"，载《中国大学教学》2013 年第12 期。

第四章　以社会主义法治理念教育为核心的职业素养教育

在素质教育愈发受到重视的当今社会，职业素质教育的重要性不言而喻。就法律职业素养教育来说，主要有两个层面，一是基础层面上的素养，即与法律相关的最基本的素养，并非法律职业者所特有；二是在更专业的层面上的素养，即完全基于法律职业的特殊性而对应的特有的素养，体现出法律职业者与其他职业的区别所在。① 法律职业基础素养应为各界法律职业者所必备，是从事法律工作的根基。法律职业基础素养包括对法律职业的热爱、对社会主义法治的信仰、对法律专业知识的精湛掌握、对法律方法的准确运用等方面。具备了良好的法律职业基础素养就好比为法律职业生涯打下坚固的基底，也只有具备了良好的法律职业基础素养，才能将法律职业生涯的道路越走越宽。法律职业基础素养的培养相对于法律职业特有素养的培养来说较易，学生普遍能够在基本的日常学习活动中受到熏陶，形成一定的法律思维。法律职业特有素养包括法律职业宗旨、法律职业精神、伦理选择能力等综合的、带有法律特殊性的方面。法律职业特有素养需要教育者开拓思维，通过更加科学有效的教学方法和活动，更好地引导学生，培养法律人才所需要的职业素养。

当代职业更加专业化，社会对出色的法律人才的需求也更加强烈，法

① 孟卿、刘宁：“浅谈法学教育中法律职业素养的培养”，载《教育与职业》2012年第18期。

律职业素养教育的重要性正日益显著。厘清当代法律职业素养教育的目标与任务，结合我国目前法律职业道德素质教育现状，以社会主义法治理念教育为核心，以对卓越法律人才职业素养教育模式进行更好的探索，这是目前法律职业素养教育事业应当开展的课题。

一、当代法律职业素养教育的目标与任务

我国是一个具有悠久历史、拥有深远文化的国家，早在公元前2世纪，“以法为教”这一古代法律教育的萌芽就已经产生。文明古国走到了21世纪的今天，法律教育也随着历史的更迭不断地发展变化，当代法律职业素养教育也应当具有鲜明的时代特征，也更应该有利于中国社会主义法治的进步。当代法律职业素养教育应以社会主义法治理念教育为核心，其目标与任务应包括职业宗旨教育、自律精神教育和伦理选择能力教育等方面。

（一）立法为公、执法为民的职业宗旨教育

社会主义法治理念是中国共产党作为执政党，从社会主义现代化建设事业的现实和全局出发，借鉴世界法治经验，对近现代特别是改革开放以来中国经济、社会和法治发展的历史经验的总结；它既是当代中国社会主义建设规划的一部分，同时也是执政党对中国法治经验的理论追求和升华，是中国特色社会主义理论在法治建设上的体现。依法治国、执法为民、公平正义、服务大局、党的领导，五个方面相辅相成，体现了党的领导、人民当家作主和依法治国的有机统一。在践行社会主义法治理念的当代中国，法律职业人应为国家的建设与发展贡献不竭的力量，法律教育者应以社会主义法治理念教育为核心，以立法为公、执法为民为职业宗旨开展法律职业素养教育。

立法是时代的反映，是司法与执法的基础。执法是最贴近人民的环节，是人民合法权益的直接保障。立法应为公，执法应为民，这是维护社会主义法治、维护社会公平正义的必然要求。在法治社会，法律人应当树立立法为公、执法为民的职业宗旨，追求真理、维护正义的崇高理想，崇

尚法律、法律至上的坚定信念，认同职业伦理、恪守职业道德的自律精神；应当成为尊重和遵守旨在维护秩序、保障公正、促进效率、实现自由的法律规则的模范，成为抵制和监督一切违法行为、捍卫法律尊严和神圣的英雄。[①] 法学教育者应当担负起培养这种出色法律人才的重任，从根源上为我国的法治建设提供动力。立法为公、执法为民，这实质上是在要求法律职业人维护社会的公平正义，保障所有人民的合法权益，这同时也是法律职业的本质要求。

树立执法为民的职业宗旨，是当代法律职业素养教育的目标与任务之一。我国社会正处于转型时期，中国的飞速发展带来了新的需求，中国的法治建设需要改革与创新。在新时代的背景下，卓越法律人才应当具备适应时代快速发展的素质和应对挑战与考验的能力，法律职业人只有牢固树立立法为公、执法为民的职业宗旨，才能在改革与创新中不走邪路、不走歪路，在社会主义法治建设的道路上坚定不移地走下去。在社会主义法治国家中，立法为公、执法为民的职业宗旨是所有法律职业人应牢记与恪守的准则。立法为公、执法为民，不仅是对立法者与执法者的要求，更是整个法律行业所应奉行的宗旨。法律职业人应做到使法律真正保障公平正义，真正守护人民的正当权益，而非利用法律的漏洞，谋求私利，损害法治。

必须坚持法治建设为了人民、依靠人民、造福人民、保护人民，以保障人民根本利益为出发点和落脚点，保障人民依法享有广泛的权利和自由、承担应尽的义务，维护社会公平正义，促进共同富裕。[②] 立法为公、执法为民的职业宗旨教育乃是社会主义法治社会中法律职业素养教育的重要任务。

---

① 张文显："面向21世纪的中国法学教育"，载 http://dzl.ias.fudan.edu.cn/ShowArticle.aspx?ID=9317，最后访问时间：2014年11月16日。

② "中共中央关于全面推进依法治国若干重大问题的决定"，载 http://news.xinhuanet.com/politics/2014-10/28/c_1113015330.htm，最后访问时间：2014年11月1日。

（二）恪守法律职业道德的自律精神教育

职业道德，是同人们的职业活动紧密联系的符合职业特点所要求的道德准则、道德情操与道德品质的总和，它既是对本职人员在职业活动中的行为标准和要求，同时又是职业对社会所负的道德责任与义务。职业道德是人们在职业生活中应遵循的基本道德，是职业品德、职业纪律、专业胜任能力及职业责任等的总称，属于自律范围，它通过公约、守则等表现形式，对职业生活中的某些方面加以规范。法律职业人应当恪守法律职业道德，也只有恪守法律职业道德的人才能够最终在其职业道路上取得成功。

当今社会经济迅猛发展，物质生产水平不断提升，这一切在造福人民生活的同时，也带来了许多负面影响。许多人过分追求物质生活，无视其应当遵守的职业道德，破坏社会秩序。近年来法律职业时常被人们误解，律师给大众的普遍印象便是“唯利是图”、“黑心”、“无视公平与正义”，而法官也常常被打上“腐败”、“徇私枉法”等标签，这些评价虽然过于偏激和以偏概全，但在一定程度上反映了法律职业的问题。维护公平正义的法律职业者自然是大多数，但人民群众对法律的信仰是脆弱的，不容遭到破坏。法律教育者应当重视对法律职业人自律精神的教育，避免法律职业人利欲熏心，违背法律职业道德，损害法律尊严，给法律行业抹黑。

对恪守法律职业道德的自律精神的教育，实质上是从最根本处维护社会主义法治，只有提高行业整体素质，使法律职业人普遍做到自律自爱，法律的光辉才能够真正地闪耀。重视恪守法律职业道德的自律精神的教育，努力形成以恪守职业道德为荣、以违背职业道德为耻，以遵守行为规范为荣、以违背行为规范为耻的良好风尚，方能更为出色地为我国社会主义法治建设保驾护航。恪守职业道德，遵循司法良知，进一步加强法律职业道德建设，弘扬“公正、廉洁、为民”的核心价值观，树立良好法律职业形象，对于增强法律的公信力具有十分重要的意义。人民群众对法治的信仰是我国社会主义法治建设的基础，也正是人民群众对法治的信仰，给予了我国法治建设源源不竭的动力。我们法律职业人不能允许任何有损法律尊严的行为发生，应当更加自觉地维护行业声誉，共同努力，为中国法治建设奉献自己的力量。培养严于律己、恪守法律职业道德的法律人才，是法律职业素养教育的重要目标，也是法律职业素养教育活动的必要组成。忠诚法律事业、维护职业形象，在利欲面前自律自爱，严格遵守法律职业道德，是法律职业素养教育的重要任务。

（三）稳定的伦理选择能力教育

多元化是20世纪以来，社会、文化和道德领域的一个主题，特别是在面对经济全球化、技术和信息的飞速发展、大众媒体的日益多样化之时，各个领域的冲突不可避免。道德领域内新型复杂的问题同样层出不穷，大众的价值观也在潜移默化地变更。法律领域内，各种棘手、纠结的新情况也往往令法律职业人感到左右为难，也不断出现无法以现有的主流价值和道德观念准确衡量与判断的道德困境。在这种复杂的社会环境下，法律职业人需要具备有意识地选择的能力——在道德困境、道德冲突和道德混乱的面前稳定的伦理选择能力。

首先，在信息爆炸的时代，法律职业人应当具备从众多价值中择取正当价值的能力。法律具有滞后性，社会上出现的纷繁复杂的问题永远不可能被法律尽数规定，这时就需要道德的调整，然而由于个体之间价值观的差异，人们心中的道德标准不尽相同。法律职业者作为众多个体中的一员，在道德与伦理问题的面前，应当率先作出评判。社会的价值取向影响着一个时代的人的价值取向，但同时，人们的价值取向也同样影响着社会的发展方向。法律职业人作为选择道德方向的先锋，应当具有稳定的选择能力，不随波逐流，不受社会负面情绪的影响，坚定地维护中华民族传统道德，维护社会的安定与和谐。

其次，法律职业人应当具备稳定择取内心的对抗价值的能力。由于社会活动的复杂性，任何现象都无法用绝对的对与错来加以断定。由于个体思想的差异性，任何现象也都无法得到所有人的认同。某一案件牵涉了多种价值取向，在处理时感到难以取舍，这是法律职业人经常遇到的情形。

身处两难的境地，作出相对来说更为公正的抉择，这不仅是一项高超的法律职业技能，更是一种稳定的道德选择能力。法律职业者应能做到冷静客观地分析，经过内心价值取向的博弈后，最终总是作出有利于社会良性发展的稳定选择。

当今的时代是“选择的时代”，法律职业人也在面临各种困难的选择。因此，当今的法律职业素养教育应当充分重视对法律职业者稳定的伦理选择能力的教育，培养法律人稳定的自主选择能力应当成为法律职业素质教育的新理念与新追求，这也是多元道德价值观并存的现实背景下法律职业素养教育的必然选择，是帮助法律职业人解决自身道德矛盾、实现道德超越的有效途径。对伦理选择能力的教育要求以社会主义法治理念为基础，以中华民族深远的文化为背景，结合中国的建设与发展趋势，使法律职业人能够对不断出现的伦理道德问题作出合理且合情的判断，在稳定的选择下制定具体的解决方案、采取最为有效的解决措施，保障中国法治建设和谐稳定地进行。

二、法律职业道德素质教育现状

随着我国社会主义社会的建设，中国的法治化进程不断推进，我国的法律教育事业取得了有目共睹的巨大进步。21 世纪人们对法的重视程度日益加深，与此同时，大批的法律人才也不断在大众目光下崭露头角。高质量的法律教育不仅是经济发展的必然要求，更是依法治国的内在需要。在弄清法律职业素养教育的目标与任务的前提下，应当首先分析我国法律职业道德素质教育的现状，找出当前我国法律教育存在的问题，以便有的放矢，对卓越法律人才职业素养教育模式进行更好的探索。

（一）缺乏固定的法律职业道德教育内容

法律教育的目的是培养能够为国家和社会的良性发展保驾护航的栋梁，这些法律人才不仅要具有完备的法律知识，更要具备高尚的道德情操和坚定不移的法治信仰，要做到时刻维护法律的权威和尊严，真正做到以法律之剑伸张正义、维护社会的公平公正。但我国社会目前的现状是缺乏高素养、高层次的法律人才，这种状况的产生能够追溯到专业法律教育的第一步。我国高校的法律教育普遍过分重视对学生理论方面的培养，传统的理论课程往往以固定的讲授模式填满了学生的几乎全部课时，而有关法律职业道德教育方面却缺乏重视。1998 年教育部高教司编写出版的《全国高等学校法学专业核心课程教学基本要求》一书提出了如下要求：“本书是教育部高等教育司根据专业目录调整和法学专业核心课程的确定，为规范各门核心课程教学的基本规格，提高教学质量，而制订颁布的基本教学文件。本书明确了法理学、中国法制史、宪法、行政法与行政诉讼法、刑法、刑事诉讼法、民法、知识产权法、商法、经济法、民事诉讼法、国际法、国际私法、国际经济法等 14 门课程的基本知识点、基础理论和基本应用。本教学基本要求是指导大学本科法学专业师生教学必备的文件。”由此可见，当时的法学学科核心课程包括 14 门，分别是法理学、中国法制史、宪法、行政法与行政诉讼法、刑法、刑事诉讼法、民法、知识产权法、商法、经济法、民事诉讼法、国际法、国际私法、国际经济法。2007 年，教育部高校法学学科教学指导委员会在中国人民大学举行全体委员会议会上通过的法学学科核心课程共有 16 门，除原来的 14 门核心课程外，又新增两门，分别是环境法与资源保护法、劳动法与社会保障法。至今，法律职业道德的相关内容依旧没有被当作主干与核心列入法学必修课程的行列当中。尽管有些高校将类似于《司法制度与职业道德》等与法律职业道德相关的课程列为必修课或选修课，但这对法律职业道德素质教育的重视程度远远不够。在高校展开的学术讲座，主题涉及刑法、民法、诉讼法、行政法等各方各面，但专为法律职业道德开展的讲座少之又少。对法律职业道德教育重视不足，缺乏固定的法律职业道德教育内容，是我国法律职业道德素质的现状之一。

现今各个高校的法学专业的学生，其中一大部分就是明天社会中的法律职业者。法律职业相对其他职业较为特殊，它与社会各个层级的人们接触更多，尤其是社会中的弱势群体。法律是人们保护自己的最后的途径，而法律职业者就是法律的拥护者与践行者。对于普通的人民群众来说，法律是无形的，但法律职业人则是有形的，他们需要通过法律职业人的帮助来使用自己的法律武器，甚至在一些特殊的困难时刻，法律职业者已然成为了法律的化身。因而，法律相关职业，对其职业素养和道德标准的要求应当高于其他职业。各个高校法学专业的学生，未来的法律职业者，不应当在掌握完备的职业技能之后才开始培养更高层次的职业道德素养。业务能力高超但道德水平低下的法律职业者给社会带来的危害，要远远大于业务能力普通但道德水平较高者。

法律教育肩负着众多责任，法律教育者不仅要传授学生法律专业知识和法律技能，更要塑造和培养学生的法律人格。学生只有在大学学习期间就开始接受优良的法律职业道德教育，才能清醒地认识到，在不久的将来，他们的法律职业生涯中可能遇到怎样的职业道德挑战，才能以充分的准备迎接这些挑战。法律教育者应当充分认识到开展法律职业道德教育的重要性，在法律教育教学中正式加入固定的法律职业道德教育的相关内容，向学生系统传授法律职业道德知识，使学生了解法律职业道德的原则、规范和评价标准，培养学生强烈的法律职业道德意识。

（二）教育教学方法和手段单一

一位合格的法律人，不仅要具备深厚的法律功底，还要能跳出法律的思维，全方位地考虑问题。在自由心证逐步占据重要位置的今天，我们不再需要“没有灵魂的讼棍和没有良心的法官”，而是需要有正义感且理性的法律人来实践社会正义。[①] 法律职业与法学教育之间的联系是不可分割的，接受相应的法学教育是法律职业生涯的必经之路，因而法学教育应当符合法律职业的内在需求，法律教育教学方法和手段应当与法律教育的目标和任务相辅相成，为社会的良好发展作出努力。

---

① 王唯：“浅议当代中国的法律教育”，载《现代妇女（理论版）》2014 年第 6 期。

我国高校的教育教学方法和手段普遍单一，采用传统的室内授课模式被当作教育的标准，尽管科技的发展为黑板粉笔的传统课堂注入了新鲜血液，例如PPT课件替代黑板板书、播放生动的视频代替老师的叙述，但这些形式上的改变并未解决实质上授课内容的单一。法律16门核心课几乎全部在课堂上讲授，对法律实务的培养相对较少，实践的重要作用时常被法律教育者忽视。尽管很多高校都要求法律专业的学生在毕业前“实习”，但真正参与“实习”活动并从中获得实实在在的收获，则是很多学生无法做到的。实践更能带给人深刻的感悟，法律人才要想达到“卓越”这一标准，仅仅有满腹的法律知识是远远不够的。换言之，法律知识在书本上就已经存在，将这些条条框框死记硬背是任何肯下工夫的人都有能力做到的，法律人有别于其他行业人员的本质在于对待问题时的思维，在于处理问题时的技巧，在于努力维护法律尊严与公平正义的道德品质。我们应当充分认识在法学教育中开展法律职业道德教育的重要性，向学生系统传授法律职业道德知识，使学生了解法律职业道德的原则、规范和评价标准，培育学生强烈的法律职业道德意识。传统教学方法对学生法律职业道德素质的培养效果如何？如何丰富教育教学手段以达到更佳效果？要知道良好的法律职业道德不仅仅是在课堂听课、自己去图书馆看书就能够养成的，更不是归纳网络上五花八门的观点和信息就能培养出来的。我们应该也必须对传统的单一教育教学方法和手段加以反思和改良。

但不得不承认的是，近些年我国高校的法律教育事业正在蓬勃地发展，无论是重点高校还是普通高校，法律教育方法都在渐渐丰富，许多令人耳目一新的教学手段也在实验和探索中，苏格拉底教学法、法律诊所、模拟法庭、模拟谈判等富有新意的教育方式不但能够吸引学生，调动学生的学习热情，达到寓教于乐的效果，更能让参与者掌握在传统课堂上难以完全掌握的多种能力。丰富法律教育方法和手段，帮助学生学会独立思考与处理问题，引导学生在自主学习与亲身实践中真切体会到法律职业道德的真谛，是改善法律职业道德素质教育现状的重要环节。

（三）司法考试对法律职业道德素质教育带来的冲击

国家司法考试是国家统一组织的从事特定法律职业的资格考试。初任法官、初任检察官和取得律师资格必须通过国家司法考试。国家司法考试前身为律师资格考试，自2002年后，增加了检察官考试和法官考试两类系统内部职业资格考试考核，统称为国家统一司法考试。司法考试作为从事主流法律职业的资格考试，是所有法律职业者的挑战。司法考试通过率较低，这直接导致司法考试成为了许多学生以及社会人士法律职业生涯上的阻碍。举办国家司法考试的初衷是为了选拔精英法律人才，激励法律人的学习热情，以便为社会提供出色的法律人才。司法考试是进入主流法律职业的必经之路，它确确实实在很大程度上保障了法律职业人的素养，但不可否认的是，司法考试也给我国社会的法律职业带来了一定的负面影响。

我国的司法考试已经开展多年，但随着时代的发展，司法考试的弊端也逐渐浮现。在形式上，司法考试一方面对报考资格要求较低，另一方面又严格将考试通过率控制在一个较低水平，这导致了一系列的不良社会现象。很多高校的法律专业都将司法考试通过率当作教学教育质量的衡量标准；市面上的司法考试培训机构更是十分火爆，学生们甚至认为培训机构的技巧性授课比学校的专业课程教育更有价值。有些学校甚至出现了这样一种奇怪的现象：学生们对学校开设的正规课程心不在焉、草草了事，而在司法考试培训机构，尽管已经人满为患且学费高昂，但学生们依旧争先恐后、热情高涨，好像只要通过了司法考试，其法律素养就能够得到一个质的飞跃。这是一种渐渐走向消极的选拔模式，学校传授的观念和社会施加的压力使得学生更加重视司法考试的科目，而非司法考试科目或司法考试的非重点科目则被学生忽视甚至放弃，这种带有功利色彩的选择性学习给法律职业道德素质教育带来了不小的负面冲击。在内容上，司法考试看似涉及理论法学、应用法学、现行法律规定、法律实务和法律职业道德等各个方面，但实际上司法制度与法律职业道德方面的相关分值只有10～15分，与法制史的分值非常接近，这在司法考试全卷600分的分值下是微不足道的。法律职业道德不受司法考试的重视直接导致了大部分考生在备考的过程中对法律职业道德的相关内容轻轻带过，而将主要精力放在应用型知识上。尽管司法考试是为法律实务工作选拔人才，但法律职业道德亦是法律实务工作者不可或缺的，过于重视对应用型法律人才的培养无法全面提升学生的职业技能与综合素质，甚至有可能导致通过司法考试并最终从事法律职业的从业者不具备应有的法律职业素养。司法考试的形式与内容，会对大学的法律教育造成不良影响，进而影响到法律职业自身。

中国的法律教育模式与日本有许多相似之处，探究日本的法律教育改革可以给中国的法律教育以启示。日本法律教育体制既包括大学阶段的法律教育，也包括完成大学学业之后的实践培训。实践培训由隶属于最高院的“司法研修所”来负责，而连接前后两个阶段之间的纽带便是司法考试。只有通过了司法考试，才可以被送入“司法研修所”进行培训。《日本司法考试法》规定，同等学力的考生有资格参加司法考试，也就是说日本司法考试的报考条件不包括本科以上学历，这意味着刚刚学完大学 2 年课程的学生就可以参加司法考试，而没有上过大学的人，也能够凭借一次单独的水平考试而获取参考资格。日本司法考试报考门槛低，为了保证法律职业人的职业素养，日本相关部门将考试通过率控制在 2% ~3% 的极低水平上，司法考试几乎可以算得上是日本最严格的考试。但实际上，日本的“民意调查表明，那些通过司法考试的人，是因为花更多的时间去看考试手册，而不是学习如何进行创造性思维和批判性思维。即使司法考试出题者引入要求有创造性思维的问题，培训学校也会很快推出解决这一问题的考试指南”。[①] 自 20 世纪 90 年代日本泡沫经济破碎以来，一方面日本政府的职能由行政转变为法治，另一方面经济的全球化带来法律需求的增加，在社会的变化下，日本的法律教育也开始了改革。在观念上，日本引入了法律职业教育的理念；在制度上，日本效仿美国，建立了“法科大学

① 王华胜：“从法学部到法科大学院——新世纪日本法律教育的转型”，载《法学教育研究》2012 年第 2 期。

院”，并且改革了司法考试制度，不再以单一的职业考试来代替正规的职业培训。如今的日本，法律职业人的数量增加了，而法律服务的水平也在不断提升。

我国的司法考试制度是一种重视结果而非过程的教育制度，报考条件的宽松使得参考人员整体素养降低，而对这一方面的弥补就是严格控制通过率，这种恶性循环说明法律职业素养教育仍然没有被深刻地理解，毕竟职业技能和职业道德的形成在于培养，而非一次突击型的考试。在法律职业教育非常发达的美国，一流法学院强调的是职业技能的培养；只有那些最低层次的法学院才强调应试教育，以便提高司法考试的通过率，所以这类法学院在美国的名声无异于三年制的考试培训学校。[①] 单一的考试成绩根本无法全面反映出应试者的法律职业素质和技能，而考生自身的法律职业道德究竟如何，更是无从分晓。当前的国家统一司法考试的培养模式过于偏重应用型法律人才，对法律职业道德的忽视冲击着法律职业素养教育，如何避免以单一的书面考试选拔法律人才？怎样使具有法学背景的真正的高素质法律人才脱颖而出？这些问题都值得法律教育者加以思考。

三、社会主义法治理念教育的重要性

社会主义法治理念教育是以社会主义法治理念为核心的思想教育，要求我们以依法治国、执法为民、公平正义、服务大局和党的领导为内容进行教育，全面贯彻社会主义法治理念。高校是大学生成长和发展的重要场所，所以在高校进行社会主义法治理念教育是具有核心地位的，而且作为法学司法考试的重要内容之一，在司法考试中也具有重要的地位。社会主义法治理念是中国特色社会主义法治体系的重要组成部分，这也是高校进行社会主义法治理念教育的原因之一。

---

① 王华胜：“从法学部到法科大学院——新世纪日本法律教育的转型”，载《法学教育研究》2012 年第 2 期。

在高校进行社会主义法治理念教育具有重要意义。当代大学生作为未来社会主义和谐社会有力的建设者，必须在现代对他们进行社会主义法治理念教育，塑造大学生的社会主义法治意识，使其具有较高的知识素养，以更好地贯彻落实社会主义法治理念。具体来说，在高校进行社会主义法治理念教育有以下重要意义。

首先，开展社会主义法治理念教育，是贯彻落实党和国家新政策的要求，是增强法治意识和牢固树立法治理念的要求。“社会主义法治理念是马克思主义法律思想中国化的最新理论成果”，这是党提出的治国理政的新理念。[①] 所以，从落实新政策的要求来说，在高校开展社会主义法治理念教育是非常必要的。这有利于大学生树立牢固的社会主义法治观，增强在校大学生的法治意识，对大学生的发展和权益保障都有重要影响。当代大学生的知识水平越来越高，但是他们的自我保护意识并没有增强，频繁发生的女大学生失踪事件就足以说明大学生自我保护意识差。因此，在高校进行社会主义法治理念教育，不仅有利于宣传党和国家的政策，使政策更好地执行，而且最重要的是可以提高大学生的自我保护意识，有利于大学生维护自身的合法权益，从而建设和谐校园、和谐社会。

其次，开展社会主义法治理念教育，是未来国家健康发展、促进国家建设的需要。大学生在大学时期，正是世界观、人生观和价值观形成和发展的重要时期，必须对他们进行科学合理的引导与教育。而大学生又是未来国家发展建设的主力军，所以在高校进行社会主义法治理念教育势在必行。党中央特别重视社会主义法治理念教育，2009 年 9 月 4 日，中央组织部、中央宣传部、中央政法委员会和教育部联合印发了《关于认真学习〈社会主义法治理念读本〉的通知》（政法〔2009〕34 号）。[②] 这就足以表

① 邢冰：“马克思主义法律思想中国化的新发展——社会主义法治理念的产生背景与内涵探究”，载《中国市场》2009 年第 5 期。

② 段兵：“高校深入开展社会主义法治理念教育的几点思考”，见王瀚编：《法学教育研究（第 4 卷）》，法律出版社 2010 年版，第 89 页。

明社会主义法治理念教育的重要性。该通知指出，要积极推动社会主义法治理念教育纳入各级各类高等学校的思想道德及法学教育的教材，明确不同层次的教学要求。① 对不同层次的学生开展不同种类的教育，不仅有利于社会主义法治理念的教育，而且可以针对学生自身的特点开展不同的教育模式。这样教育出来的学生才不会千篇一律。多年的发展证明，在高校开展社会主义法治理念教育的课程，是贯彻国家政策的需要，更是深化拓展了社会主义法治理念意义的要求，还是为国家培养建设性人才的需要。所以，在高校进行社会主义法治理念教育尤为重要。

最后，开展社会主义法治理念教育，是提高学生综合素质、建设社会主义伟大事业的需要。社会在不断地进步与发展，然而人们的思想道德等素质却大不如从前。助人为乐的少了，拾金不昧的也没有了……这些现象都反映了道德的沦丧。所以，为了建设社会主义文明国家，发扬祖国的优良传统，提高大学生的思想道德素质，在大学进行社会主义法治理念教育是必要的。完美的理念只有得到很好的实行才会看到其成效，不然就算再美好也只是空想。进行社会主义法治理念教育，就要求我们从身边的小事做起，关注点点滴滴，时刻以社会主义接班人的标准来要求自己。因为社会主义法治理念属于意识形态领域，所以加强社会主义法治理念教育，有利于进一步巩固马克思主义、毛泽东思想等重要理论在意识形态领域中的指导地位，从而保证国家的各项事业在正确的方向上不断前进。大学生要牢固树立社会主义意识形态，不被外来势力所干涉，坚定信念，努力提高自己的综合素质，在校园建设中发挥作用，建设和谐校园、法治校园，努力做好未来接班人的每一份职责。

社会主义法治理念教育在高校的教育中发挥着重要的作用，不论是法学专业人才，还是非法学专业人才，都必须学习社会主义法治理念，努力学做一名合格的社会主义建设人才。

---

① 段兵："高校深入开展社会主义法治理念教育的几点思考"，见王瀚编：《法学教育研究（第4卷）》，法律出版社2010年版，第89页。

四、卓越法律人才职业素养教育模式的探索

（一）推行以法律职业道德素养教育为核心的法律教育观

道德是关系到是非、善恶的判断标准，关系到人们行事的准则，是一个人内心形成的判断标准。职业道德，作为一种职业的专门道德规范，是从事这项工作的人在长期的从业活动中所信守的职业规则、职业纪律，而法律职业道德则是从事法律工作的人必须具备的素质之一，它是社会道德在法律领域的体现。作为一名法学学生，未来的法律工作者，就必须首先要学习法律人应具备的法律职业道德。在大学教育中，推行以法律职业道德素养教育为核心的法律教育是必需的。法学教育是法律职业的前提和基础，法律职业是法学教育的目的和归宿，脱离法律职业的引导，法学教育就会迷失方向。[①] 对法学学生的教育应该更加符合专业人才的需要，符合国家法律职业建设的需要，因此在进行法学知识教育的时候，不能忽视法律职业道德素养教育，要通过这样的教育，来培养高质量的法律人才。

孙晓楼曾经指出："有了法律学问，而没有法律道德，那是不合乎法律的本质上的意义，也不合乎法律教育的目的。"[②] 正是如此，有了良好的职业道德，才能更加符合社会大众的需求，更加符合学生自身发展的需要。未来社会需要的法律人才，其身心、知识、道德应当是全面发展的，所以，大学进行法律教育应根据社会的需求进行全面的教育，除了法律知识的教育、职业技能的教育，还应包括职业素养的教育，并应当将职业素养的塑造作为法学教育的首要目标。这是大学教育的责任，也是对学生的未来负责的表现。

但是，当前的法律职业道德素养的教育不够理想，漏洞百出。法学专业教育中对法律职业素养的教育重视程度还不够，教育方案还不全面，在

① 蒙爱红："法学教育中法律职业道德品格养成问题研究——以'教育教学方法'为视角"，载《学理论》2014年第11期。

② 孙晓楼：《法律教育》，中国政法大学出版社1997年版，第56页。

教学过程中也只是注重法律知识、法律技能的教育，对法律职业素养缺乏一个专门的考核体制，导致了大学法学教育的失衡，法律职业素养教育没有得到全面发展。所以，在当前的大学教育，甚至专科教育体系中，为了迎合未来法律人发展的需要，我们都应当将法律职业道德素养教育作为法律教育的核心，增设法律素养教育课程，开设实践教育课程，让学生亲身体会一个法律人应该具备怎样的职业道德，并将其作为一个重要的考核标准；另外，法律职业素质的培养，除了知识的积累和掌握外，更主要的是人格的养成。在未来的教学中加强未来法律从业者的法律职业道德（法律职业伦理）的教育和道德品格养成将是非常重要的内容，这将有利于法律职业群体素质的提高和法律公正、正义的形成。[①] 这样对于培养一个合格的法律人才是具有积极作用的，这也是推行以法律职业道德素养教育为核心的法律教育观所必须具备的。

（二）贯彻法学教育全过程的法律职业素养教育

法律职业道德素养教育是法学教育所必需的，并不是说它只是法学学习的一个阶段，而是在法学教育的全过程中都要进行。十年树木，百年树人，法律职业素养也并不是一朝一夕就能形成，需要经过长时间的培养。在法学教育的过程中，法律职业素养教育也应一直贯穿其中。虽然说，我国大学的法学教育并不是严格意义上的法律职业教育，但是法学教育的最终目的是要从事法律职业、为法律事业服务，所以在法学教育中进行法律职业素养教育非常必要。

当前，大学法学院设置的16门核心课程中并没有法律职业道德教育的课程，也就没有专门的法律职业素养教育。尽管中国大学的法学教育也与其他的学科教育一样，开设有思想道德教育等一类的政治公共课，但是这与法律职业素养教育并不是一回事，它不能直接教授法律职业所需具备的

---

① 蒙爱红："法学教育中法律职业道德品格养成问题研究——以'教育教学方法'为视角"，载《学理论》2014年第11期。

道德素质。所以针对这种情况，应该在大学法学院中开设专门的法律职业素养教育课程，并且使之贯穿法学教育的始终，而不是像其他公共课一样只学习一个学期或一段时间。法律人一定是有道德、有素养的人，应该在课程体系中，设立道德与职业、法律知识与技术相互结合的富有广泛人文基础的课程，以此来培养法律人应当具备的职业素养，还可以贯穿一些缺乏法律职业素养而被法律职业所遗弃的法律人的例子，给学生敲响最直观的警钟。

另外，随着我国司法改革的不断深入，法律职业的科学化和合理化划分已经成熟，法律职业教育应主动适应健全法律职业发展的要求，对法学专业学生进行法律职业素养教育，培养高层次法律人才。

（三）寻求有效的教学方法

卓越法律人才教育培养必须强调和重视法律思维、知识、素养及技能的融合，这就有赖于法学教学方法的改革和创新。传统的法学教育方法只是老师在课堂讲授法学专业课知识，其中还会贯穿一些法学经典案例，学生们也只是注重课本的学习，以最终通过考试为目标。这些在当今都已经不符合法律人才的要求。卓越法律人才需要的是全面发展的法律人才，要求法律人不仅要具备完善的专业知识，还要具备良好的法律职业道德素质、良好的法律实践能力。这就要求我们当前的大学教育根据时代发展的要求，创新教育教学方法，培养现代型法律人才，所以，在教学中就要寻求有效的教育教学方法。

当然，传统的课堂讲授法还是必需的，因为在传统课堂上学生要学习基本的专业知识。除此之外，还要创新教育教学方法。在 20 世纪 60 年代美国出现了诊所式教学方法，这就是我们平常所说的“法律诊所”。它是将传统的课堂教学与学生对真实案例的代理相结合，在教师的指导监督下，学生亲自参与案件的处理。在诊所律师和法学院教师的悉心指导下，学生可以亲身接触到活生生的案件，而不是案例教学大纲中一个个枯燥的案例。[①] 我们当前的法学教育也开展了法律诊所，让学生自己参与到案件中，自己亲身体验，体现了法学教育中的主动性、真实性、广泛性和社会性。但是由于此种教育模式是舶来品，目前有许多方面还不完善，比如法律教育观念上的阻碍、教育资源稀缺的制约、诊所教育方法自身的缺陷以及学生自身准备的不足等，所以我们应当探索一套自己的法律诊所教育模式。比如，在法律诊所教育的过程中，通过法律文书的写作、律师会面技巧、谈判、调查取证、诉讼程序及技巧、职业道德和职业责任等课程训练，培养学生运用法学知识解决实务问题的能力。[②]

除此之外，还要变革案例教学方法，变单纯的讲授案例为学生的实际参与，增加案例研讨课程，强化学生的专业能力与素养。要让学生根据不同的课程选择不同的专题，并选取司法实践中的经典、典型案例，要求学生自己查阅资料，进行角色分工和辩论，通过课堂讨论、自身参与的形式解决学生实践能力不足的问题。另外，还可以开展模拟法庭，让学生自己当法官参与庭审；开设网络精品课堂、学生自己的课堂，通过充分尊重学生的意愿等形式提高学生的能力，培养学生的创新创造能力。

法学是一个注重实践的学科，如果没有充分的实践经验与能力，将来很难从事实务工作。其实，教学方法的改变主要就是让学生亲身参与到教学中来，提高学生的实践能力，使学生亲身体会到在现实中是如何用法律去解决问题的。这样才是成功的法学教育，才是有效的教学方法，才能对我们未来法学的发展起到积极作用。

（四）建设师风优良的“双师型”教师队伍

法律教育教学不仅需要从学生方面入手，而且还需要加强师资队伍的建设。因为教师是实现教育目标的主体，法律职业教育培养目标的最终实现有赖于具备良好的、全新的法律职业理念与较高的法律技术水平，法律

---

① 刘佳：《法律教育学》，社会科学文献出版社2012年版，第129页。

② 何勤华：“开展卓越法律人才培养　促进法学专业改革”，见王瀚编：《法学教育研究（第10卷）》，法律出版社2014年版。

理论功底扎实深厚，实践经验丰富，热爱法律教学事业，且师风良好的“双师型”法律教师队伍。而所谓“双师型”教师，是指既是教师又是工程师、既有理论又有实践的教师。法律职业教育，可以选派那些既有教学经验又有法律实践经验的教师担任。[①] 当前从事法学教育的教师中，有许多人通过了司法考试，又或者很多人是兼职律师，法律业务非常强。他们在进行科研工作的同时，还积极参与法律实务，具有比较丰富的实践经验。选派一些这样的法律人才作为法律教师，可以解决法学教学中的实践性问题。他们可以带领学生在课堂上开展一些比较丰富的小型研讨会等类型的活动，提高学生的实践能力。总之，无论是哪一种类型的教师，都要以提高学生的能力为出发点，使学生能够很好地发展。要以适合学生的职业技术理念进行教育，将全新的教育教学方法来投入教学实践中。为了做到这一点，学校应该对教师进行培训，培养和建立起高水平的、稳定的法律职业教育师资队伍。

除了要引进高质量的师资队伍之外，在建设师风优良的“双师型”教师队伍时，还应当针对法学学生设置专门的法学实践教学课程，组织学校教师走出去，进行挂职锻炼，再将实务经验分享给学生。另外，还可以聘请一些高层次的实务型专家作为专职或兼职教授，给学生开展讲座。此外，还要进行法学实践基地的建设，对学生进行实习实训，把在学校学到的知识运用到实践中，提高实践能力，培养符合社会主义法治的法律人才。

（五）提高法律专业学生人文知识涵养

法律是广大群众维护自己权益的武器，而法律人就是为他们进行服务的。当一个法律人具备了一定的人文知识，他会更好地为大众服务。如果一个法律人没有广泛的人文基础，他就不会明白法律条文为什么会如此规

---

① 吴昊：“试论高等法律职业技术教育人才培养定位”，见王瀚编：《法学教育研究（第3卷）》，法律出版社2010年版。

定，该怎样运用法律去维护当事人的合法权益。如果没有广博的人文基础，那么他就不会明白法律的发展方向，就不会作出明智的选择，就不算是一个合格的法律人。一个合格的法律人，应该深刻了解他所接触到的人文知识、自然科学知识。因为法律要解决的是各种社会中可能与想不到的问题，所以法律人应该具备这样的知识。而只有具备了这样的知识，才能更好地使用法律，用法推动社会进步。相反，一个只接受法学知识的法律人的世界观必然是狭隘的，必然不能明其义、尽其用，不能维护法律人应维护的公平与正义，到头来只能是一场空。

社会主义法治理念教育下的法律人，应该是具有丰富人文知识的法律人。人文知识不仅仅是知识，还是一种情怀。法律人要有人文情怀，在坚守法律信仰的同时，要时刻怀有一颗仁爱之心，以心换心，并接受差异性，以开阔的眼光与胸怀，与人和善，为人排忧。就如著名的《法学阶梯》中所说，“法学乃正义之学”，因此法律人也应该是正义之人。拥有开阔的眼光、广阔的胸怀，才能学习好博大精深的人文知识，做一个正义的法律人。

（六）重构学生评价体系

当前大学生最关心的莫过于学分的问题，因为这个关系到是否能够安全毕业，最终找到一份满意的工作。所以，为了“迎合”或者说最终改变这种形态，应当探索适合学生的评价方式，重构学生评价体系。首先，重构学生评价体系就是要对考试制度进行改革。考试制度改革是教学改革的重要内容之一。好的考试制度能够引导学生改变学习方式，实现从知识传授到能力培养的转变。学校考试改革思路是改变单一的考核方式，使期末考试不再是单一的试卷考试，而是形式更加灵活，增加能力型考核比重，调动学生主动学习的积极性。同时，在对学生进行评价时，对学生学习成绩的判断要多在平时的教学过程中进行，包括学生的学习态度、讨论问题的积极性、回答问题的思路以及与老师同学的互动情况等都要加入到对学生的评价体系之中，这样的学生评价体系更加科学、合理。

其次，重构学生评价体系，还可以实施“同步实践教学”，设置专门的实践课程学分。这种教学评价方式是由中国政法大学首次推出的。这主要是要求学生在学校学习期间，完成一定数量的原始案例卷宗阅览，撰写原始卷宗阅览报告；观摩一定数量的庭审，撰写庭审观摩报告。通过这种让学生在卷宗阅览和庭审观摩中进行专业性知识的学习，在培养学生运用专业知识和方法解决具体问题的实践能力、提高学生司法职业技能的同时，对学生进行职业伦理和职业道德训练。① 我们可以通过这种模式来改变目前的学生评价体系，并逐步探索适合自己的模式，使卓越法律人才的教育能够稳步实施。

另外，重构学生评价体系还应该设立创新学分，鼓励学生的创新精神、创新意识。设立创新学分，开设创新课程，鼓励学生进行创新，鼓励学生多模式、多途径、多形式参与学术研究、科研创造等。取得一定成绩的，可以给予奖励，并给予学分，这样，学生也会积极地参加。

当然，在对学生进行评价时，也不能只是在知识学习、实践学习、能力学习等方面进行评价，还应当考查学生的思想道德素质、法律职业素养。卓越法律人才的培养，应该符合社会主义法治理念的要求，把马克思主义理论与中国国情密切结合起来，避免政治认识的错误和模糊，使得法学教育培养的人才能够清楚地认识到国家与人民利益的要求，使得法律人才更好地为法制建设服务。所以，在进行学生评价时，应当把这些教育融入进去，这才符合社会主义法治理念教育的思想，最终为社会主义建设事业服务。

---

① 黄进：“开展法学专业改革　培养卓越法律人才”，见王瀚编：《法学教育研究（第10卷）》，法律出版社2014年版。

第五章　法学实践教学现状和教学体系的构建

一、我国法学实践教学的现状

教育过程中的知识往往具有一定的公共性，法学便是如此。单纯而片面地学习法律基础知识而忽视实践必然是不可取的。因为理论知识只是实际操作的基础而并非万能之物，而法律则长期存活于生活中，通过一个个鲜明案例展现自身的存在与意义，所以法学实践具有十分重要的意义。在中国，法律职业是由检察官、法官、律师组成的“法律共同体”。依照发达国家的实践经验，由于市场细分以及社会分工的细化，对“法律共同体”的要求越来越严苛，单纯的创新或者细微的改变已经满足不了新时代的需求。由于法学实践教学一直被当作法学理论教学的补充，对法学实践教学的从属性和忽视性地位的认识也是根深蒂固，所以高校对法学实践教学工作的重视基本上也仅仅是停留在表面状态。

我们认为，“法学实践教学对检验学生所学专业知识和理论体系、训练法学专业思维、强化法律职业伦理修养、提高法律职业技能都具有极其重要的作用。法学应届毕业生在走上法律职业岗位之后往往都深感自身实际应用能力的缺乏，近年来，法律实务部门对法学教育也多有批评，实务界普遍反映法学院系的毕业生大多缺乏实际运用能力，对法律事务实际运作方式不了解，不能很快地适应实际法律工作。”① 近些年来，高校重视法学实践教学的观念才渐渐有所转变。

纵使各个法学院系努力加大了实践教学力度并且也取得了一定的成效，但是日益复杂的社会局面和层出不穷的法律问题使得现有的法律实践跟不上时代的脚步，培养出来的法律人才无法顺利地解决所面临的法律难题。尚在实践教学探索研究和积累经验阶段的高等院校做法莫衷一是，问题颇多，例如，忽视法学实践教学的独立性和重要性，缺乏长远的教学规划和目标设计，课程及课程内容体系设置不科学，教学资源以及师资力量的投入严重不足，实践教学基地建设缺乏统一规划和布局，实践教学管理不规范等。

（一）忽视法学实践教学的独立性和重要性

法学是一门应用性、实践性非常强的学科。实践教学则是法学专业教育当中的一个重要组成部分，对检验学生的专业知识和理论体系、训练法学专业思维、强化法律职业伦理修养、提高法律职业技能等都具有极其重要的作用。根据教育部高等教育司在1998年颁布的《普通高等学校本科专业目录和专业介绍》规定：主要实践性教学环节包括见习、法律咨询、社会调查、专题辩论、模拟审判、疑案讨论、实习等，一般不少于20周。而教育部在2007年颁布的《关于进一步深化本科教学改革全面提高教学质量的若干意见》中高度重视了实践环节，希望借此提高学生的实践能力，特别是不断加强专业实习和毕业实习等重要环节。《普通高等学校本科专业目录和专业介绍》中规定了法学专业4年期间的人文素质教育的内容包括：公共政治理论课、公共外语、公共计算机、公共体育、专业必修课等，这些课程学习占了4年学分的95%以上，而实践教学所占的学分比例大多不足5%。以笔者所在的沈阳师范大学为例，2012年沈阳师范大学

---

① 董万程：“加强我国法学专业实践教学的思考”，载《海南大学学报（人文社会科学版）》2010年第3期。

法学院在网上公布的供教师讨论的法学专业培养计划中，通识教育课41学分，占总学分的27.3%；专业基础课68学分，占45.3%；选修课不少于21学分，占14%；而实践教学环节4学分，占2.7%。

相对于目前实际情况，法学课程的开设基本上以部门法学科的划分或国家颁布的法律为标准。实际上，这种课程设置的核心目的是传授专业知识，而不是将理论和实践相结合，这往往会因为基础知识而忽视掉法学实践的重要性，这就突显出在法学教育方面忽视法学实践教学的问题。法律职业是维护社会正义的最重要的力量之一，主要解决来自社会各个方面的矛盾与争议，所以法律教育的目标应该定位在培养复合型、实践型人才。史卫民教授在文章里阐述道："从师资队伍看，绝大部分教师是从高等院校本科或研究生毕业后直接从事教学工作，本身没有在法院、检察院、律师事务所工作过，缺少丰富的实际工作经验。在教学中更多地注重理论研究，而没有从法学学科本身的实践性、技术性出发来训练学生的实践能力和操作能力。法学本科实践教学主要是靠毕业前的两三个月毕业实习，实习场所一般安排在法院、检察院系统或者法律服务机构。这种毕业实习是必要的，能够使学生亲身体验司法工作的实践过程。但其缺陷是，毕业实习前大多数学生对人民法院、检察院及其法律服务的机构设置与工作程序并不了解，加之毕业实习时间有限，学生只能走马观花地了解一下。这不符合理论知识转化为实践能力所具有的渐进性、反复性规律。除毕业实习之外，3年的教学实践环节，缺乏系统的、科学的、有计划的教师指导，如模拟审判、案例分析等只有少数学生真正参与和得到锻炼。"① 单单从现有情况来看，实践教学时间分布不合理、教学大纲不与时俱进、教学师资力量薄弱等无疑都在反映一个问题，那就是忽视实践教学的独立性和重要性。

---

① 史卫民："完善我国法学专业实践教学的几点思考"，载《成都大学学报（教育科学版）》2008年第7期。

（二）教学资源投入严重不足

目前法学专业实践教学资源的投入也存在严重不足的现象，这一问题一直限制着教学质量的提高。法学专业实践教学开展所需教学条件包括：实验室、实验器材、模拟法庭、固定实习基地、一定数量专门的实习、实践指导教师等。由于专业实践意识淡薄，各培养单位不重视对实践教学条件的投入建设，尤其是对纯文科专业的实践教学条件的建设就更为不重视。目前绝大多数开办法学专业的学校在实践教学条件方面的情况是：绝大部分都没有专门的法学专业实验室，极少部分有实验室但实验器材严重老化和不足，不能满足正常实验需要；绝大多数没有实习基地，更谈不上固定实习基地，即使有也缺乏规范的管理；多数没有专门的实践教学指导教师队伍。因以上教学条件的不具备，导致实践教学活动无法开展或者开展质量不高，教学质量整体下降。[①]

法学实践教学对教学投入有更高的要求，资金、场所等就是现阶段制约实践教学发展的重要一环。大多数法学专业实践教学环节存在实践场所少、实践活动经费难以保障等问题。只有加大物资等资源的投入并积极建立相关的条件支持，才能保证实践教学的正常、有序展开。

（三）实践教学师资严重匮乏

不同于传统的理论教师，实践教学作为相对的新鲜事物，师资队伍前途不明朗，实践教师的实践教学工作没有得到应有的尊重，从而师资队伍严重匮乏，进而导致了有学生实践却无教师教学的状况。

我们认为，实施实践教学需要配备具备相应条件的教师，要求教师既能贯通理论、从学术的角度指导实践，又能在实践中熟练、规范地进行法律执业。[②] 诚然，想要培养和增强学生的实践能力，是离不开实习实验场

① 饶建国："法学高等教育实践教学改革路径探索"，载《云南大学学报（法学版）》2006年第4期。

② 董万程："加强我国法学专业实践教学的思考"，载《海南大学学报（人文社会科学版）》2010年第3期。

所、经费保障、“双师型”教师等各方面的条件支撑的。而大多数法学专业实践教学环节则面临着这些问题。由于体制与机制等各方各面的原因，法学教师们不愿意在实践教学环节多下工夫，这些因素都限制着实践教学环节教学质量的提高。在现实生活当中，法律条文的分析必须与事实的认定、人际关系的处理、利益的冲突、特定的文化和道德风尚以及种种社会状况相联系，这就对实践指导教师提出了更高层次的要求，教师们要真正做到投入大量的时间、精力。但是现有职称评定制度则主要凭借科研成果作为衡量标准，这就很难使教师在实践教学层面投入充足的精力。

（四）课程及课程内容体系设置不科学

相对于理论课程，实践课程所占比例少，而且实践课程一般为选修课，在教学的整体过程中重视程度不够，即使有一些实践课程也是作为理论课的补充，没有形成成熟、合理的体系。另一方面，在现有的实践课程过程中，由于执行不够科学、规范，也使得实践的效果大打折扣。

法学实践教学缺乏科学、系统的体系安排，教学的内容及环节欠缺规范性。受到传统教育模式和教学观念的影响，我国对法学实践教学的理论研究十分薄弱，对法学实践教学的内容、培养目标以及评价体系等缺乏科学、统一的认识，这就造成了法学实践的课程设置不科学、教学内容单一、质量控制缺失、教材建设落后和评价体系不健全等方面的缺陷。例如在实践课程设置方面，除了实习和毕业论文外，有很多学校还引进了模拟法庭、法律诊所、案例研讨等形式多样的实践性课程，但是往往由于随意性强，缺乏统一、规范的安排，导致其在整个法学教学中的比重轻微，其作为法学本科学生综合素质培养的评价比重更显微不足道。①

---

① 王爱鲜：“我国法学本科实践教学的模式选择及体系构建”，载《公民与法（法学版）》2012 年第 9 期。

以最为常见的模拟法庭这一实践教学形式为例，我们可以看到法学实践教学内容设计本身缺乏科学性。模拟法庭是通过组织学生进行角色投入模拟法庭审判全过程的方法来提高学生实际操作能力的一个十分有效的实践教学环节，我国高校在法学实践教学活动中对模拟法庭开展得相对多一些，积累的经验也更为丰富。但模拟法庭本身在内容设计上存在以下弊端：首先，模拟法庭活动一般每学年组织一两次，参加者主要是从本科二、三年级中遴选出来的对法学基础理论知识掌握得较好的学生，这就导致了模拟法庭的适用面过于狭窄，学生的参与程度不高。只有担当角色的个别学生得到了某种程度的锻炼，多数旁听学生因没有参与到实际的模拟法庭准备以及审判活动中，而只将其视为一种表演活动，觉得新鲜好玩，难以达到通过模拟法庭实践教学来培养学生实践能力的目标。其次，选择的案例不够鲜活，而且局限性很大。模拟法庭选择的案例几乎都局限于民法、刑法和行政法领域，尤其是民法和刑法领域，其他学科如知识产权法、经济法都极少涉及。而且所选案例大多简单明了，经过专家学者以及权威部门的深入解析，案件处理结果毫无争议，法律适用结论毫无分歧，甚至包括起诉状、辩护词及判决书都是已有的，学生参加模拟法庭如同参加一次预定程序的法庭走秀一般，完全缺乏真实案件审判中的突发性、随机性和复杂性，难以唤起学生的主动思考，也无法真正提高学生的实践能力。①

目前我国大部分的法学院校在课程设置上，几乎没有类似于法庭调解、法庭辩护、庭审实践或律师实习等基于能力培养的课程。虽然法学院校规定了学生的实习期，但是随着法科学生人数的增加，以及受就业压力的驱动，这种实习制度已经失去了它应有的价值。许多公检法部门及律师事务所因业务的压力和对学生工作能力的不放心，并不是特别愿意接

---

① 邢绡红："我国高校法学实践教学的现状分析及对策——以诊所式法律教育模式为视角"，载《黑龙江高教研究》2011 年第 4 期。

纳实习生，即使接纳，也较少为学生提供必要的法律职业训练机会，职业技能训练往往被打杂性事务所替代。①

（五）实践教学管理不规范

首先，法学实践教学缺乏科学的、系统的理论做指导。目前的法学本科教学很少去研究如何培养学生应当具备的专业能力问题，即使有研究，也是孤立和分散的，未能形成一个关于法学实践教学法的系统研究，也未能上升到可以指导实践的理论高度，各高校大多还是处于自我研究、自我实践的初级阶段。

其次，很多高校的法学实践教学未能形成一个长效机制。在大多数高校，除了毕业实习和毕业论文，其他的实践教学环节都是比较零散的，只是偶尔组织学生开展一些诸如法庭审判观摩或者模拟法庭之类的实践活动，未能有意识地、强制性地、系统地将这些实践活动形式纳入到教学要求和教育计划当中。

严峻的就业形势对法学专业实习形成极大的冲击。法学专业的实践课程大多集中在第四学年，而第四学年恰恰是学生找工作、考研以及各类考试时间最集中的时候。学生在这种两难的选择上，只好抱着应付交差的态度来对待。鉴于这种矛盾和状况，法学院校只好在管理上和监督上流于形式，疏于严格要求。大多数高校对学生的法学实践活动都没有硬性的规定和考核标准，至于学生参加多少法学实践活动、效果如何，基本上全靠学生自觉；有的学校虽然通过出勤等德育考核指标来加强学生法学实践的管理与考核，但大多不科学且缺乏可操作性，其与法学实践教学的目标也有差异。如何建立一套法学实践教学的考核与评价体系是法学实践教学迫切需要解决的一个问题。②

---

① 王琦："我国法律人才培养模式的反思与创新——以法学实验实践教学改革为视角"，载《海南大学学报（人文社会科学版）》2011 年第 5 期。

② 董万程："加强我国法学专业实践教学的思考"，载《海南大学学报（人文社会科学版）》2010 年第 3 期。

二、法学实践教学的特点

（一）实践性

法学教育特别是法学本科教育的基本目标是培养从事法律工作的专门人才，这决定了法学教学的最基本的出发点和落脚点应该是学生的法律实践能力。而法学实践能力绝不是关起门来让学生在课堂里就能学习的，它需要让学生直接进入社会，在实践中培养学生。社会需要具有较强实践能力的应用型法律人才，单纯的理论性教学已经不能适应人才培养的需求，所以实践性法律教学成为法学教育界广泛认同的法学教育模式。

有学者提出“高校与实务部门联合培养机制”应该以常态化、规范化的体制、机制建设为基础，加强高等学校与实务部门的合作，由高校与实务部门作为法律人才培养的共同主体，一起承担法律人才培养的职责。高校与实务部门可以通过“共同制定培养目标，共同设定课程体系，共同开发优质教材，共同组织教学团队，共同建设实践基地”等具体措施，实现联合培养卓越法律人才的合作目标。近年来，高校与实务部门从来没有断绝过来往，尤其是在高校法学实践基地的建设以及实务部门同志参与高校教学活动等方面，还是有许多成功的经验值得汲取的。所以，就目前而言，我们可以通过在法学实践教学基地及法学实践教学师资队伍的建设等方面展开的深度合作，来促进“高校与实务部门联合培养机制”的尽快形成。实践教学基地是高校实施法学实践教学的主要平台，是学生进行理论联系实际的技能训练的主要场所，也是高校和实务部门开展合作、紧密关系的重要纽带。[1]

在现代法学教育中，实践教学环节是法学专业教学计划的重要组成部

① 叶永禄：“构想与建议：对完善我国法学实践教学的思考”，载《黑龙江省政法管理干部学院学报》2013年第2期。

分，是教学过程中不可代替的重要环节，对于提高法学人才培养的质量具有十分重要的意义。首先，法学是一门与社会紧密联系的实践性极强的科学，法学专业人才的培养要立足于对法学基础理论知识的掌握。其次，加强实践教学是全面提高法学专业学生素质的要求，学生自学能力、创新能力、组织管理能力及分析解决问题能力的培养，必须通过多种形式、多种渠道的教学实践及大量社会实践获取。

经过长期努力，各校法学实践蓬勃发展，各种实践方式及其内在的联系与互动构成了法学实践教学体系。这一体系内容丰富，包括以讲授为主的传授知识和以程序锻炼为主的模拟法庭、以理论与实际相结合为主的案例分析课程、以增强感性认识为主的法律见习、以融合知识与增加解决问题能力为主的实习以及专题辩论和毕业论文等，形成了多样化的法学实践教学。诸多高校都在法院、检察院、律师事务所等部门建立实践教学基地，并争取专门的实践教学经费、配备专门的指导教师保证实习的进行。有些高校以学生为主体设立法律援助中心，并与律师的法律援助工作相结合，使学生得到律师的指导，同时又拓展法律援助工作范围。实践教学的开展也有赖于对国外经验的借鉴。2000 年以来，在美国福特基金的支持下，中国人民大学、北京大学等国内十几所高校的法学院引进了诊所式法律教育模式，这一在美国得到广泛普及的教学模式开始运用到中国的法学教育中。以上这些活动的开展都推动了法学实践教学的不断发展。①

（二）教学性

各国的法学教育在培养目标和途径上有日益融合的趋势：大陆法学国家的法学院，在普通教育的基础上纷纷加强了职业教育的分量，有利于职业教育的实践教学不断加强和革新；而以素质职业教育为目标的英美法系

① 史卫民："完善我国法学专业实践教学的几点思考"，载《成都大学学报（教育科学版）》2008 年第 7 期。

国家，也加强了理论法学的教育，讲授式教学也有所增加。可见，两大法系对法律人才的培养目标更是日益相互接近，即同时兼顾学术教育和职业训练两方面，在形式上也日趋一致。在我国，随着近些年来社会、政治、经济形势的变化，特别是法学本科毕业生就业环境的改变，人们已经逐渐认识到法学本科教育中存在的种种问题，意识到法学实践教学在法学本科教育中的积极作用，法学院系也开始创新教育理念，改革和创新法学实践教学内容及方式，法学实践教学在法学本科教育中的地位显著提升。但是，对于法学实践教学在法学本科教育中的定位，仍没有一个较为清醒的界定。①

法学教育应该是理论和实践的紧密结合，理论素养和实践能力是不可偏废的两个方面。忽视理论的法学教育会导致狭隘的经验主义，而忽视实践的法学教育和教学必将走向教条主义的误区。这就使得法学教育和教学必将确立培养复合型法律人才这一目标，使法律专门人才不仅懂得法律的理论和规范，而且懂经济、懂外语、懂计算机、懂科技。

诚然，法学专业是一个应用型的专业，其中法学教育主要包括两个部分：系统的法学知识的学习和法律职业技能的训练。在我国，目前的教育模式是通过4年的学习一次性完成的，我们称之为“一站式”教育模式，这种教育模式很难实现培养高级专门法律职业人才的目标。按照《普通高等学校本科专业目录和专业介绍》规定，本科法学专业主要实践性教学环节包括：见习、法律咨询、社会调查、专题辩论、模拟法庭、疑案辩论、实习等，一般不少于20周。有些学校还开展了一些其他的法学实践教学活动，效果比较好的如法律诊所等。这些活动对提高学生职业技能很有必要，但是在实施过程中却被大打折扣。在所有实践教学活动中，专业实习无疑是最重要的，它列入了教学计划中，时间最长，各高校也最重视，但是效果却不尽如人意，存在许多问题。模拟法庭是一种较好的实践教学方

---

① 王爱鲜：“我国法学本科实践教学的模式选择及体系构建”，载《公民与法（法学版）》2012年第9期。

式，通过参加模拟法庭审判的全过程，通过角色投入，实际开展庭审中各项工作，以提高学生职业能力。但是这种活动的准备工作非常复杂，要花费教师、学生很多时间，不可能经常开展，一般而言，每个学期只能开展一次；而且，每次模拟法庭活动，实际参加的人数很少，真正受益的学生并不多。

目前评价较高的一种实践教学方式是诊所式教育，它是20世纪60年代在美国法学院兴起的一种法学教育模式，它借鉴了医学院利用诊所培养实习医生的形式，在实践中培养学生的法律职业技能和职业道德。这种方式的最大特点就是能让学生由有实践经验的教师带领承办具体案件，帮助学生更深刻地理解法律、法律职业道德并获得法律基本技能，这种方法对培养学生法律职业技能确实行之有效。

从以上分析可以看出，我国高校法学教育在教学计划的安排中，以通识教育为主，对学生实践能力的训练很少，而已有的实践教学方式要么流于形式，要么难以普及。[①] 总的来说，实践教学是专业教学的一种，教学方法与理论教学的讲授式不同，其可以是参与式、引导式、讨论式、操作式等，但都是在专业老师的指导下和引导下开展的教学活动，因此具有教学性的本质特征。

(三) 参与性

笔者认为，法学实践教学和理论教学是法学教学的两个基本组成部分，二者在法学教育中具有不同的价值和功能。首先，从性质上讲，实践教学与理论教学一样，属于教学而非实践，因此，法学实践教学应当遵循法学教学的总体规划，教学内容和教学方法按照教学标准和教学要求进行严格、系统的规划设置，以满足教育目标的要求。其次，实践教学是法学本科教育的重要过程，学校的教学、教务部门应当像对理论教学一样对实

---

① 陈福初："我国法学教育实践教学的反思——兼论我国法学教育模式的选择"，载《湖北大学学报（哲学社会科学版）》2007年第4期。

践教学进行监督，并及时给予教学效果的评价。最后，尽管我国传统的法学理论教学弊端较多，但这并不能成为否定理论教学为法学本科教育基本手段的基本定位，实践教学不能抛弃理论教学而孤立实现。理论教学注重学生法学理论知识的积累，实践教学注重学生对理论知识的实践运用技能的培养，二者相辅相成、互为补充。①

在我国，把法学专业实习作为加强法学专业学生理论与实践相结合的重要途径之一，已被运用于法学专业教学中，为培养理论与实践密切结合的法律人才起了重要作用。当前，对国家的政治经济体制改革深化过程中所带来的诸如法学教育体制改革、法律职业改革、司法改革等种种制度变迁带来的挑战，各法学院系都提出了各自的应对方案。一个不争的事实是，法学实践教学发展至今已出现了形式化和走过场的倾向。因此，有必要对法学实践教学问题进行全面、深刻的反思，加大法学实践教学创新的力度，从而培养具有创新精神和实践能力的高级法律人才。为克服上述问题，目前大多数院系在法学专业实习中已经采用以学生自行联系取代由学校同有关单位如实习基地联系的组织方式，但由于缺乏相关管理制度的有效约束，实习形式化趋势日益严重。②

在我国现行的法学教育体系中，从国家教育部的学科规范要求到各法学院校的教学计划，都很强调法学教学中实践环节的重要性。实践教学不仅可以培养法学专业学生的司法实践能力，还可以为法学专业学生积累宝贵的司法实践经验，其在法学教育中的重要性不言而喻。我国高校传统的实践教学形式虽然在培养学生的实践能力方面能够起到一定的作用，但其在实际运用中存在诸多的问题，有的甚至流于形式。针对这种状况，成都理工大学提出了法学本科专业“参与式教学方法”的改革。所谓“参与式教学方法”，是指充分整合各种教学资源参与课堂教学，利用多种教学形

---

① 王爱鲜：“我国法学本科实践教学的模式选择及体系构建”，载《公民与法（法学版）》2012 年第 9 期。

② 廖柏明、张丹：“法学实践教学创新的探索与研究”，载《社会科学家》2007 年第 S1 期。

式，以实现法学教育职业性和学术性并重的课堂教学方法。参与式教学方法与实践教学是存在差异的。

参与式教学方法的核心在于其参与性。参与式教学强调教学应在学生和教师的积极参与之下进行，必须是以学生亲身参与实践为主，以教师指导为辅，使学生由被动地听课转化为主动地参与，让学生成为课堂的主体，便于学生在实际的工作或模拟的实践活动中学会主动应用所学知识并结合自身能力解决问题，以激发学生学习的热情和兴趣。

传统的教学管理要求教师严格按照教学大纲及教学计划进行讲授。而参与式教学则通常会影响到不同教师的教学进度及教学章节的安排，并可能与传统的考核标准和考核制度不相适应。因此，我们着重强调教师在参与式教学中应当作到课前计划和课后总结，规范学生的学习过程。同时，对具体的授课内容和教学形式则交由教师自主组织安排，实现统一的教学规范和教师的自主性教学相结合。这是对实践性教学要求的最直接的体现。通过转换课堂教学中的身份进行法律教学活动。进行参与式教学，教师只需要将主要知识点和要求提供给学生，由学生自主组织课堂教学形式。在实践中，进行情景剧式、辩论式、讨论式、模拟审判式、竞赛式等多种对抗性很强的教学方法，学生往往体现出极强的主动性和创造性。而且各种教学形式相辅相成，充分地激发起学生学习的热情和兴趣。

参与式教学是“问题解决式”教学。面对教师以实际案例或具体情景提出的教学要点，学生在教学活动中首先要寻求准确的法律适用，其次要在对抗式的教学中充分进行理论解释。这样，教学活动就生动地体现了法学教育的职业性和学术性的二重结构的平衡。[①] 这就解决了在传统的实践教学活动中使用模拟法庭教学方法缺少理论学习的问题。在进行模拟式法庭教学之前应该有一系列的学习，熟悉实体法、程序法的法律规定，承担

① 杨静：“法学教学中参与式教学初探”，载《教育理论与实践》2009 年第 27 期。

不同角色的学生应有不同的学习重点。但是，随着高校的扩招，法学专业的学生骤增，给实践教学的组织安排带来了很大的困难。另一方面，指导教师和实验室资源有限，难以保障每个学生拥有足够的实践机会。而参与式教学则可弥补上述实践教学方式的不足，其强调在法学各主干课程的日常课堂教学中，充分利用各种资源和多种形式，让学生自主参与学习，以教授学生专业基本知识、培养学生的基本技能。

三、法学教学综合实践教学体系的构建

（一）法学实践教学的理念突破

我国现行的法学教育模式比较注重向学生传授法学原理和基于现行规范的法律知识，相对忽视对学生的实践能力和操作能力的培养。在卓越法律人才教育培养计划中，明确提出要加大实践教学比重。因此，需要对现行的法学专业本科人才培养方案进行改革，充分强调理论教学与实践教学并重的理念，实行理论教学方案与实践教学方案双轨制，在修订现行培养方案的基础上，制订实践教学方案。① 因此，对现行的法学教育模式必须进行实质性的改革。课程设置和教学方法的改革必须以法学教育宗旨的改革为前提，即法学教育不仅要传授法律知识，同时还要培养和训练学生的实际操作能力。② 法学是一门应用性很强的社会学科，法学教育的生命力在于实践性，而实践教学就是培养学生参与法律操作、解决实际案件和实际问题的能力。从事法律职业不仅要掌握大量的专业理论和专业知识，还要有熟练、完善的法律业务技能，善于思考、善于表达。法学专业学生的实践能力应当包括逻辑思维能力、交流能力、谈判能力、诉讼能力、调研能力和随机应变能力等，而这些知识的获取和能力的培养仅在法学理论课堂上是很难全面掌握的，只有通过实践才能得到培养、锻炼和成长。法学

① 刘蕾："法学实践教学改革与卓越法律人才培养"，载《教育评论》2013年第2期。

② 董万程："加强我国法学专业实践教学的思考"，载《海南大学学报（人文社会科学版）》2010年第3期。

实践教学使学生成为真实案件中的角色，使学生在真实的案件中体会法律的真谛和自己所肩负的正义使命，也使学生在实践中把握职业道德标准，确立自己作为法律职业工作者所应有的行为操守和法律信仰，并始终保持着对以正义为内核的法律精神和法律职业的崇尚。①

改变传统的实践教学模式，就是要树立正确的教育理念，从法学教育的实践性、职业性特点出发，必须强化实践教学。为突出法学教学的实践特色，增强学生的实践能力，在指导思想上应进一步倡导以启发式代替灌输式，在功能上实现由教给学生法律知识向教会学生应用法律知识、分析解决问题的方向转变。在教学方法上强调学生学习的主动性、独立性、应用性。根据学生学习的不同阶段，形成一套贯穿于本科 4 年学习全过程的法学实践教学方案以及测评体系，规范和完善法学实践课程的设置，增加实践教学活动时间，可以考虑按理论课程 10% ~15% 的课时确定法学实践课的课时数，按全部理论课学分的 10% ~15% 确定实践课的学分，以强化实践课的教学。②

（二）法学实践教学内容体系与课程设计

要制订一个明确而易操作的系统性的法学实践教学计划，合理设置相对独立的综合性的实践教学课程，就要把实践教学强制性地纳入教学计划和要求中，规划和建设一批实用的教材、教学大纲和教学课件，明确教学内容、教学目标和教学计划安排，以指导和规范实践教学。法学实践教学内容一般应当包括庭审旁听、法律咨询、社会调查、专题辩论、模拟审判、疑案讨论、法律诊所实习等，并对实践课程的一些课程内容和要求进行加强。（1）专题辩论。作为培养和锻炼学生思辨能力的实践教学活动，每学期至少进行一次，分组比赛，使更多的学生参与和得到锻炼。以上这些实践教学应达到制度化、规范化，并得到实际执行。（2）庭审旁听。庭

① 薛刚凌、李媛："论法学教学方法的改革"，载《中国政法大学学报》2007 年第 1 期。

② 邢曼媛："谈谈法学教学方法"，载《山西高等学校社会科学学报》2001 年第 12 期。

审旁听应安排在法学各门课程中进行，不仅诉讼法课程要安排旁听，实体法、基础理论课也应安排旁听，要积极与司法机关联系，选择合适案件旁听。旁听结束后，在教师指导下进行分组讨论或者撰写旁听报告由教师进行批改。庭审旁听要形成制度并切实执行。（3）法律诊所。作为一门实践性课程，在教师指导下，学生免费办理实际案件，进行法律咨询学习，锻炼实际工作能力。这应向更多的学生开放，使更多的学生得到培训和提高。（4）模拟审判。应作为一门必修课程，分组进行，每个学生均应参加并担任一定角色，每学期至少进行一次全院学生观摩的模拟审判。（5）专业实习。大学一至三年级每一学年应至少有 15 ~ 20 天的时间进行年中实习，大学四年级进行毕业实习，要延长毕业实习时间，应不少于 4 ~ 5 个月，因为一个案件的审判至少需要 2 ~ 4 个月的时间。①

现有的实践教学模式存在诸多弊端，无法发挥法学实践教学的应有价值。法律诊所式教育模式虽然在很大程度上可以弥补传统实践教学模式过多地流于形式的缺陷，但在具体运用的过程中仍然存在许多障碍。因此，对我国的法学实践教学进行改革，比较适宜的模式是在完善传统实践教学环节的同时，逐步引入诊所式法律教育内容，建立多环节、有计划的科学的实践教学内容体系，将模拟法庭等实践教学环节作为法学专业学生的一门必修课程来建设，制订详细的专业培养计划，明确规定实践课程开设的学期和次数，引进和建设一批实用的教材和教学课件，制定独立的教学大纲、每学期授课的教学进度以及具体的授课方案等内容。具体可以考虑在大学本科第三至第七学期针对不同年级不同课程开设模拟法庭课程，每门课程都需要制定具体的教学时间、次数以及预期达到的教学效果等实践教学规划，针对不同课程的特点采取灵活多样的实践教学形式。② 例如，对

---

① 杜石平："发展法律职业教育　完善法学教学体系"，载《北京市政法管理干部学院学报》2002 年第 2 期。

② 刑绡红："我国高校法学实践教学的现状分析及对策——以诊所式法律教育模式为视角"，载《黑龙江高教研究》2011 年第 4 期。

于民商事、刑事和行政法学等领域来说，可以采取的实践教学环节相对较多，案例教学法、模拟法庭教学、法庭审判观摩等教学形式均应作为固定的实践课程长期进行；而对于国际经济法和知识产权法等各地法院审理案件相对较少的领域来说，采取法庭审判观摩和法院见习的方式开展实践教学就不够适宜，可以考虑多采用判例教学法和模拟法庭教学的方式来加以弥补。①

法学教学方法的改革呼声虽然由来已久，但在大多数法律专业的课堂上，教学方法的改革在多数情况下只是教师个体的随意发挥。对于运用何种教学方法能最有效地培养合格的法律人才，同样需要结合法学教育不同层次的定位来改革。但是总的来说，教学方式应当变得灵活多样。

第一，积极推广学生为研究某问题而与教师共同讨论。其普遍形式是在一定的专业范围内，学生以小组为单位，以教师指导的题目或自己感兴趣的题目为论题，搜索文献资料并形成自己的观点，以讲演的方式展现出来。之后，教师根据学生发言，引导同学们就某个或某些具体问题进行有针对性的讨论。最后，由教师进行评价和总结，讲演者根据教师和同学的意见对发言内容进行修改、补充、整理，写出总结报告或论文。其核心是充分挖掘课程参与者（学生和教师两个方面）的学理潜能，最大限度地进行多角度、多层次的认识互动，从而深化对某一主题的认识，实现学术交流的最佳效果。

第二，变单纯讲授为讲授与案例教学相结合。讲授法在法律教学过程中以讲解法律条文为主，缺乏与实践的衔接，案例教学法则正好能克服其弊端，使法学理论在法律条文和司法个案中有机地结合起来，具有直接的学习效应。但在一些纯理论问题上，讲授法亦有其特定的作用，所以要二者结合使用。② 目前，我国法律界对法律学科的类别有理论法学和应用法

① 魏波、邓勇胜："实践性法学教学研究"，载《成都大学学报（教育科学版）》2008年第1期。

② 蓝寿荣："教之有法与教无定法"，载《贵州大学学报（社会科学版）》2006年第1期。

学之分。可以按照这个分类法，将我国大学法学院、系的课程加以分类。对理论法学课程，如法理学、宪法学等采取讲授法；对应用法学课程，如刑法、民法、经济法等，应采用讲授与案例相结合的办法。理论法学的讲授虽以系统的理论讲授为主要教学环节，但还应辅以一定量的案例分析和讨论，如宪法中的违宪案例。

第三，变单纯课堂教学为课堂教学与法庭教学相结合。这是由法律专业的职业定位决定的。在法律应用型人才的角色定位中，其工作的主要职业效能都能在法庭审判时得到体现，在课堂教学中引入法庭教学机制无疑是十分重要的。法庭教学可由教师组织，学生动手进行模拟法庭审判，并进行讲评，达到熟悉审判程序、掌握法庭各法律角色技能的目的。同时，法庭教学还包括让学生走进真正的法庭直接旁听庭审活动，进行专业见习和观摩正式法庭审判等内容。

第四，改变以往课堂上以教师为主的习惯，强调学生的主动性，不能忽视学生的参与。应鼓励学生课下阅读，课堂上教师提问、学生回答、互相讨论。同时，应强调整体性教学，既讲应然，也讲实然，使学生得到整体、系统的知识。[①] 如讲授合同法时，应把法理学、法律史、经济学、社会学等内容糅合进去，让学生得到的不是抽象的原则，而是具体的发展，这样可以使学生更好地理解、解释和运用法律。总之，法律人才培养模式的健康运作是一个整体价值的实现过程，加强各个环节的整合是成功的关键。

（三）校内实践教学平台建设

校内实践教学平台建设最主要的应该是加强实践活动场所的建设。采取“内外结合”的思路，一方面，应当加强对学校图书馆、模拟法庭、实验室软件与硬件建设，以保证实践教学活动顺利进行；另一方面，注重开

---

① 王琦：《我国法律人才培养模式的反思与创新——以法学实验实践教学为视角》，海南大学 2011 年硕士学位论文。

辟建设校外实习基地，增加实践机会，丰富实践经验，弥补校内实践的不足。实践教学的开展同课堂教学相比，在场地条件、指导教师队伍、器材等方面应当有更高的要求。要提高实践教学质量，必须充分依赖实验室、实验器材、实习基地、专业实践教学指导教师、模拟法庭及充足的经费等多方面条件的完善。要通过加大实践教学投入和加强硬件建设，为实践教学环节的开展提供坚实的物质保障。同时，为保证实践教学环节的顺利进行，建立稳定的实习基地也是必需的。从目前而言，采取校外与校内实践基地相结合的方法为宜。[①] 应当在法院、检察院、公证处、律师事务所、仲裁委员会、消费者协会等单位建立长期固定的校外实践基地，学校与实践基地签订学生实习的合同，以保证教学实践基地的稳定。在校内建立自己的律师事务所、法律援助中心、法律诊所和校内模拟法庭，为学生提供经常性的实践场所，为实践教学顺利实施提供可靠的保障。

（四）校外实践教学基地建设

根据教育部、财政部《关于“十二五”期间实施“高等学校本科教学质量与教学改革工程”的意见》（教高〔2011〕6号）的安排，教育部于2012年开展了国家大学生校外实践教育基地建设工作，目标是通过建设实践基地，承担高校学生的校外实践教育任务，促进高校和行业、企事业单位、科研院所、政法机关联合培养人才新机制的建立，推动高校转变教育思想观念，改革人才培养模式，加强实践教学环节，提升高校学生的创新精神、实践能力、社会责任感和就业能力。

在此背景下，教育部、中央政法委《关于实施卓越法律人才教育培养计划的若干意见》提出了创新高校与实务部门联合培养机制，通过加强两者之间的制度化联系，发挥双方优势，促进法学教育与法律职业的深度衔接，使法律人才培养更加适合实务部门工作需要，实现高校法学教育与实务部门的互惠双赢。

---

① 廖柏明、张丹：“法学实践教学创新的探索与研究”，载《社会科学家》2007年第S1期。

法学实践教学基地是培养学生实践能力的重要场所，是实现法学专业人才培养目标的需要，是学校与司法部门实现互动的重要桥梁。学校应整合、利用各种社会资源，加强同公安、检察、法院、司法和律师事务所等单位和部门的沟通与合作，并鼓励优秀教师到司法部门中挂职锻炼或者到律师事务所做兼职律师。这样，既可以使学生有机会接触到生活中的典型真实案例，又有利于培养“双师型”教师队伍，能够在一定程度上解决学生人数急速增长和实践教学资源严重匮乏的矛盾。

（五）实践教学师资队伍建设

在传统的法学教育中，教师们不自觉地把自己定位于讲授者的角色，教师与学生之间只是单纯的讲授与接受的单向关系。教师的这种角色定位在一定程度上能够满足学生理论学习的需要。但法学教育不是纯粹的知识灌输和理论研究，法学教育既符合一般学科的教育规律也有其独特的教学特征，法学教育是职业教育和素质教育，教学中必须包含实践课程的任务。法学教育不仅是单纯的知识传授和学术培养，而且是一种职业训练，应当教授的是法律职业者必备的技能和素质。如果教师仍不能转变思维，变更教育观念，其教学效果必然会不尽如人意。配备一支高水平的指导实践教学的师资队伍，是搞好实践教学的决定性因素，也是学生实践能力得以提高的重要保证。从事实践教学的指导教师不仅要有丰富的课堂教学知识和经验，更要具备丰富的实践教学能力和经验，否则就无法指导实践教学的各个环节。因此，加强师资队伍建设，提高教师实践能力，打造具有“双师”资格和“双师”素质的教师队伍就显得尤为重要。一方面要加大对现有师资力量的培训，鼓励教师通过培训和自学获得法律职业资格证书，鼓励教师多途径与律师事务所、公证处、仲裁机构、公检法等部门合作，参与法律咨询、社会调查、案件诉讼代理等实践活动，提升专业技能。[①]

---

① 史卫民：“完善我国法学专业实践教学的几点思考”，载《成都大学学报（教育科学版）》2008 年第 7 期。

另一方面要加强学校与司法部门的合作。鼓励高等学校与司法实务部门开展多种形式的联合、合作。聘请一些资深的律师、检察官、法官到法学院兼职，以弥补“双师型”教师缺失的现象。鼓励高等学校教师在司法部门挂职锻炼，使教师能够更多地接受实践锻炼。使参与实践的教师，将教学和研究中的新理论应用于实践，将实践中遇到的问题带回学校、带到课堂，这样既提高了课堂讲授效果，又增强了学生接触实践的机会。在条件许可的情况下，参与律师事务所或者法律援助中心的相关活动，让学生在这里接触更多的案件。在诊所式教育经费问题上，应发动多方力量，建立政府、学校与社会相结合的经费筹集体系。一方面，国家应对符合条件的高校法律诊所设立专项高校法律援助基金，并针对具体工作的实际开展情况建立奖励制度，提高基金数额；另一方面，有条件的学校也可以合理划拨部分教学经费作为诊所式教学资金。此外，还可以通过高校与其他组织合办法律诊所或通过社会募集等方式借助社会力量多渠道筹集诊所式教育经费。①

（六）实践教学评价机制创新

完善科学的实践教学评价考核体系，健全法学实践教学管理和监督机制对教师教学的评价，要考虑到实践教学的评价体系是一个动态复杂的现实问题，评价体系关系到实践教学的质量控制与质量保障问题，关系到实践教学秩序的稳定和教学质量的提高问题。评价体系包括课程的设置是否合理、大纲是否完善、方案是否具有可操作性、教师是否尽职尽责、学生的任务与要求是否明确、实施的方法和步骤是否可行、学生的能力是否有所提高、经费的使用是否有所保障、管理监督的措施是否到位、考核的内容是否全面和合理、教学效果是否有明显提高等方面。对学生的考核，要实行量化指标考核。② 例如，规定每个学生四年大学期间至少代理或办理

---

① 戈树峰：“法学实践性教学方法多元化探析”，载《法制与社会》2009 年第 20 期。

② 王爱鲜：“我国法学本科实践教学的模式选择及体系构建”，载《公民与法（法学版）》2012 年第 9 期。

一个民事案件或刑事案件，使学生对案件的事实认定、证据分析运用、法律适用和诉讼程序进行真实的把握和体会；规定学生年终实习和毕业实习累加时间不得少于6个月，以确保学生参加实践教学的时间，教学管理部门对学生的实践活动要作出积极、合理的安排。[①] 要改变现有的应试教育考试制度，要从多角度、多层次设计。建立多点式考核评价制度，把着眼点放在学生的知识掌握、能力发展、素质提高上，以学生思想道德、文化素质、知识掌握、法律思维、法律实际操作能力、合理交流能力等为内容，形成学生学业评价体系指标。

健全法学实践教学的质量评估体系关系到教学质量的高低，关系到人才培养质量的好坏，因而质量评估的重要性也就不言而喻。在传统的法学本科教学评价体系中，通常注重的是理论教学质量的评估，忽视了实践教学环节教学效果的考量。应当充分认识到实践教学的重要地位和作用，从人才培养目标、课程设置的合理性与实用性、课程实践的社会效果、教学方式和技巧、学生掌握知识程度的考核等多方面制定一套科学、系统而切实可行的评价方案和操作细则，从而保证法律教育既履行“育人”的教育功能，又履行法律援助的社会义务，实现真正的高质量的教育价值和社会价值。虽然在具体评估机构的设置、评估方法的采用及实施等方面，需要在充分考量各高等学校的具体情况后予以组建和设置，但是在总体上应当做到评价主体的多元化，评价指标、评价手段和评价目标的多样化、科学化。[②]

学校要建立和完善实践教学管理的各项规章制度，调动学生参与实践教学的积极性，建立实践教学教师激励约束机制，加强实践教学环节管理，确保法学实践教学秩序稳定，促进法学实践教学质量的提高。

---

① 左卫霞：“诊所式法学教学方法研究”，载《甘肃农业》2006年第6期。

② 唐士梅：“辩论式法学教学方法初探”，载《陕西省行政学院、陕西省经济管理干部学院学报》2002年第2期。

第六章　完善师资队伍建设

一、卓越法律人才培养对师资的能力要求

（一）要求教师有广泛的相关专业知识和丰富的社会生活阅历

古人云："古之学者必有师。师者，所以传道授业解惑也。"这就在一定的程度上要求教师具有渊博的学术知识。苏霍姆林斯基也曾指出："只有教师的知识面比学校教学大纲宽广得多，他才能成为教学过程的精工巧匠。"作为一个老师，不仅需要熟悉所教学科的基本内容，形成完善的知识体系，还应该加强业务的进修和广泛的知识涉猎。了解学科学术的最新动态以及新观点，掌握新信息，不断地更新知识，站在学科的前沿，摒弃过时的观点，接受新鲜资讯。

教师除了要具有所教学科的广博知识，还要通晓社会的基本社会学科、自然学科等多方面知识，做到博学多识。当今的大学生普遍都是由高中通过高考直接升入大学的，缺乏必备的社会阅历和人生阅历。教师的博学多识是至关重要的。随着现代教材不断改革，相邻学科的联系日益增强，因此，教师应该注重与相关学科多作沟通。教师的知识越渊博，就越能激发学生的创新性、发散式思维。

党的十八届四中全会明确提出，依法治国是我们国家未来的目标以及首要任务。很显然，依法治国需要大量的专业法律人才来帮助实现。法学本身就是一个边缘性的学科，与其他学科有着特殊的联系。法律在社会的

方方面面都有所体现，有关法律现象的许多问题不再仅仅是法律问题，而是属于法学与其他学科的双边或多边问题。在如今的法治时代，越来越多的社会问题都可以转化成法律问题并提交给相关的机关部门处理，这就要求法律工作者具有广泛的知识，以至要求法律人才是复合型人才。这就无形当中增加了对法律教师能力的要求。从事法学教育的相关教师，不仅要熟悉自己所擅长领域的法律法规知识，还要统观国际形势；不仅要熟练掌握法律相关专业知识，还要对其他学科知识进行广泛涉猎，做到融会贯通。卓越法律人才培养的最终目标是实现中华民族的伟大复兴。如果法学院培养的学生对中西方法律文明知识熟读于心，却不了解中国的具体国情，不能从中国的实际出发思考法律问题，提出相应的法律对策，是难以承担民族复兴伟大责任的。中国情怀及全局视野，要求教师不仅具有扎实的法学专业知识，而且还要了解现代社会治理的理论知识，熟悉法治主义的历史、价值偏好、内在逻辑及一般原理与制度。[①] 中国情怀要求教师对中国社会发展阶段、中国社会现代化推进的性质有系统的认知。

培养卓越法律人才的法学教育必须是有内涵、高质量的。教师应该具备专业复合的知识，比如法律与金融、证券、房地产、医学等其他专业的交叉与渗透；也包括语言的复合，比如法律英语或其他语种的复合；还包括课程的复合、方法的复合。多专业、多语种的复合，使学生既精通法律，又懂经济、科技和外语等，以精深的专业知识和广博的知识结构，适应社会对复合型法律人才的强烈需求。法律关系的多样性和社会生活的复杂性对卓越法律人才培养的过程中教师的知识结构和基本素质提出了更高的要求：对人类和社会生活拥有广泛而成熟的知识和强烈的人文关怀精神，具有多样化的知识和解决问题的能力，具有创造性的法律思维能力和良好的品德，具有彻底的服务精神和民主责任意识。教师只有具备这些素质才能培养出复合型卓越法律人才。根据卓越法律人才“复合型、国际

---

① 陈卯轩、王允武：“乡土中国法律生活视野中的卓越法律人才教育培养”，载《西南民族大学学报（人文社会科学版）》2013 年第 1 期。

化、能力强、技能优、情怀深”的基本标准，深化课程体系和教学内容的改革，压缩理论课学时，增加选修课的数量、质量和学分比例，鼓励学生学习跨学科知识，尤其重视经济学和社会学等知识的拓展，充分反映素质教育的要求。增加实践性课程比重，强化实践教学环节，解决学生实践能力、应用能力不强的问题。大力开展双语专业教学，努力提升人才培养的国际化水平。在教学方法上，应当不断强化启发式教学和研究性教学，使学生成为学习的主体，改变单纯由教师灌输式讲授的局面。实行“小班化教学”，将“单向传导”的教学模式转变为“双向互动”的教学模式，把学生积极的课外阅读、研究与充分的课堂讨论、发言有机结合起来，最大限度地激发学生的潜能，充分调动学生对学习的积极性和自主性。同时，广泛采取模拟法庭、案例教学、诊所式法律教育等具体方法，进一步增进学生对法律的感性认识，训练他们的逻辑思维能力、运用法律解决实际问题的能力以及实践操作技能等。

（二）要求教师具有丰富的法律应用实践经验，掌握法律实务能力

对于如何培养卓越法律人才，众多学者一致同意应强化法学实践教学环节。西南政法大学刘俊教授认为：培养具有社会主义法治理念的卓越法律人才，已经在我国高等法学院校形成了广泛共识。但如何真正使社会主义法治理念进入学生的头脑，才是问题焦点。为此，西南政法大学依据职业法律人才培养目标定位，将抽象的社会主义法治理念转化为具体的、学生乐于接受的法律职业人才核心素养标准体系，再将标准体系进一步具体化为法律职业人才培养方案，并通过开设的社会主义法治理念课程、法律专业课程综合教学改革、通识课程教学改革等措施，实现学生自觉树立牢固的社会主义法治理念这一培养目标。中国政法大学校长黄进指出：通过创建“同步实践教学”模式，突破学校与实务部门的距离、障碍，有效汇集、整合全国各地优质的教育资源，充分展示和利用差异化的地方庭审特色和经验，实现实践教学和国情教育的二位一体，实践教学不仅是让学生“走出校园”，也包括让法律实务资源“走进校园”。绝大多数的法学教师

一致重视理论教学而忽视实践教育。掌握理论知识不等于能够运用法律知识。在不同国家、不同时代，法律人才的培养目标定位和模式各不相同，这是由当时所处的特定时代背景、社会发展需求所决定的。改革开放以来，我国法学教育已经在迅速发展，培养了大批的法律人才，为我国法治建设作出了巨大的贡献。但是，我国目前仍处在社会转型阶段，并且这一阶段在未来仍会持续几年或者几十年。过去的法学教育模式已经不能满足我国经济社会快速发展的需求，出现培养模式单一、综合实践能力欠缺、缺乏国际视野、不能理性对待中西方文明的差异等问题。对于正处在转型期的我国来说，我们应该从辩证的角度正确分析法律人才的培养目标。卓越法律人才培养计划已经明确指出卓越人才的培养要“以全面实施素质教育为主题”“以培养应用型、复合型职业律师人才为重点”。这实际上也是在法律人才培养的素质教育基础上高度关注和充分发挥职业教育的功能。卓越法律人才是复合型的、国际化层次的精英法律人才。卓越法律人才必须具备较强的发现问题、分析问题以及解决问题的能力，在法律实务中必须能够运用不同于大众生活规则的另一套规范体系即法律原则、规则，从专业角度认识、思考和判断。卓越法律人才的培养应为司法领域提供大批具备高超娴熟的实践操作技能的法律人才。

针对明确的培养计划，要求从事法律教学的教师必须具备丰富的实践经验和法律实务能力。从以往的教学模式来看，课堂讲授是我国法律院系的一种传统的教学方法。教师依据相关教程以及教学大纲、讲义授课。如此的教学方法，教师只是在向学生传授书本上的理论知识点，学生只能是被动地接受和记忆。虽然详细讲解理论知识能让学生掌握基本的概念、原则、知识体系，但是结果往往是学生无法培养出独立思考的能力。尤其是面对现实生活中的法律现象及法律案件，学生应用所学的理论知识准确地解决问题是难点，普遍产生无从下手的感觉。究其根本原因，是教师在讲授的过程中没有将理论与实践结合起来，在讲解某个理论知识时没有将其与实际案例相对应。在法学教学改革和法律实践能力培养的过程中，教师占主导地位。教师需要不断地为学生法律实践能力的提高创造条件，同时自身也要不断地积累，为学生法律实践能力的培养提供理论基础。

从事法学教育的教师所拥有的丰富的实践经验和扎实的实务技能本身就可以作为一个教学内容。抛弃传统的教学模式，以现实问题作为切入点，聚焦社会问题，从问题引出教学内容，以现实问题为基础，引发学生的兴趣。只有教师亲自参与实践，才会明白个案中是如何运用理论解决特殊性问题的。不难发现纯粹的理论知识在面对现实问题时往往会产生脱节，因为理论是在假想的完美情况下推导出来的。尤其是法律的制定，法律作为规范，其内容是抽象的、概括的、定型的，制定出来以后又有一定的稳定性。法律不能频繁变动，更不能朝令夕改，否则就会失去其本身应该具有的权威性和确定性。但是，需要用法律来处理的现实社会生活则是具体的、形形色色的、易变的。这就是问题所在。法学教师必须掌握实际操作的技能，懂得理论知识与现实操作的差距。尤其是在不同的地域，法律适用的过程和效果必然会受到该地方语言、习俗、价值观、人文及地理环境和具体社会关系的制约和影响，这些在法律法规的创立时无法全部考虑在内，是只有在实际办案的过程中才会考虑的客观因素。应该说考入法律专业读书的学生，大多数是抱着未来能够成为一名合格的律师、法官、检察官的愿望来进行学习的，他们对法学教师的理论修养和法律实务经验、技能等方面有较高的要求。应该说，学生的这种愿望是符合常理的，是与法律专业教育的目的相一致的。法学教师按理就应该以自己的实际行动即参加相应的法律实践来满足学生的愿望和要求。

需要指出的是，开展纯粹的课堂教学，其气氛和效果也受到教师的实践经验的影响。但是，我们应该意识到，一个没有任何法律实践经验、不具备实务技能的法学教师，其教学的内容只能是从书本到书本、从理论到理论，这种纸上谈兵的教学模式，也是法学教学尤其是部门法教学所忌讳的。这在本质上对卓越法律人才的培养是十分不利的，枯燥的课堂氛围使学生对学习产生不了浓厚的兴趣。法学教师是法律科学研究的重要力量，法学科研应与国家的社会主义法制建设紧密结合，理论联系实际。一方面，教师应该加强理论学习，比较全面地了解古今中外的法学理论，掌握最新理论动态；另一方面必须深入到实际中去，参加法律实践，从中掌握新情况、发现新问题、收集新材料。可以说，法律实践是法学教育必不可少的一部分。

（三）要求教师具有良好的职业道德

教师职业道德，又称“教师道德”或“师德”，是教师在从事教育劳动时所遵循的行为准则和必备的道德品质。它是社会职业道德的有机组成部分，是教师行业特殊的道德要求。从道德上规定了教师在教育教学的过程中以何种思想、态度去处理问题，做好工作，为社会尽职尽责。它是教师行业的特殊道德要求，用来调整教师与教师、教师与学生、教师与学校领导、教师与社会其他方面关系的准则，是社会道德在教师职业中的特殊体现。在高等学校与法律实务部门人员互聘“双千计划”（以下简称双千计划）中，对选聘的教师提出了以下师德方面的要求：选聘到法律实务部门兼职或挂职的高校法学专业骨干教师，应具有较高的思想政治素质，认真学习中国特色社会主义理论体系，模范践行社会主义法治理念；师德师风好，教书育人的荣誉感和责任感强；具有高级专业技术职务，较强的业务能力，能够帮助法律实务部门分析解决疑难复杂案件；忠实履职，能够在聘期内完成相应的实务工作。可以看出，在卓越法律人才培养的计划中，师德也是其中一个受关注的部分。人民教师不仅肩负着传授文化知识的光荣职责，同时也是学生心灵的塑造者、崇高理想的布道者、社会规范和价值的传递者。教师为人师表，既要注重言传，又要注重身教，特别要注重身教。教师工作的“示范性”和学生的“向师性”，使教师在学生心中占有非常重要和崇高的位置，教师的一言一行、一举一动，往往被学生看在眼里、记在心里、模仿在行动上。教师人格的影响，不仅对学生在校起到作用，甚至以后在社会上还会长时间起到作用。尤其是培养的法律人才本身就需要具备高度的职业道德，如果从事法律人才培养的教师不能以身作则树立良好形象，这势必会影响法律人才的质量。

二、卓越法律师资队伍建设途径

（一）加强法学教师的职业素养建设

随着我国市场经济体制的逐步建立和世界经济一体化进程的加速，我国社会主义法治建设进入了关键时期，其成功在很大程度上有赖于法学教育为国家培养更多更好的高层次法学人才，这一重任落到了高等院校法学教师的肩上。为此，探讨高等院校法学教师的基本素养，对于建设一支政治素质高、业务能力强、职业素养良好的法学师资队伍，具有重要的现实意义和深远的历史意义。

1. 政治思想素养

政治思想素养是高校教师职业素养的首要标志和基本条件，是实现教育目的、完成教育任务的根本保证，决定着教师职业活动的方向和态度，制约着教师的道德准则，影响着教师专业知识和能力素质的发挥。高等院校法学教师必须坚持四项基本原则，拥护党的领导，坚决走社会主义道路；坚持党的社会主义法治原则，并自觉贯彻到日常教学活动中；要认真学习和掌握马克思主义的世界观和方法论，并以此来指导自己的科研活动和教学活动；要以全面推进依法治国建设为指导，以党的十八大精神为依据，研究法律的有关问题，从而培养学生坚定的政治信念和马克思主义法律观。

2. 文化知识素养

高校法学教师既要培养高层次法学人才，又要为探索依法治国道路进行大量的科研，还要为立法、司法实践服务。因此，法学教师应当具备合理的知识结构。

首先，应具有系统的法学专业理论知识。对自己主攻的学科内容及理论基础有深入的理解和研究。在知识的量上，要不断扩展；在知识的质上，要不断深化。同时，要对所授学科的理论体系、知识结构、逻辑起点、演绎归纳历程有明晰的认识。还要随时了解国家现实的立法情况，把握新法、旧法之间的相承、相异和协调关系，重视司法解释，主动参与地方立法和司法实践，使自己的知识接受实践的检验，促进专业知识向更高层次飞跃。其次，高校法学教师还应有广博的知识面。随着科学技术的发展，专业越分越细，学科越来越紧密，学科发展呈现出纵向精细化、横向整体化的趋势。因此，高校法学教师除了要掌握本专业的知识外，还应广泛涉猎与法学学科紧密相关的哲学、经济学、政治学、伦理学、社会学、心理学以及新兴的自然科学知识，充实自己的专业知识，从而满足教学过程传授专业知识的需求以及培养复合型人才之需要。最后，要有系统的教育科学理论知识。要教好书、育好人，具备扎实的专业知识和广博的科学文化知识是最起码的要求。一般来说，高校法学教师未受过专门的师范职业训练，对现代教育学、心理学、教育心理学的有关知识缺乏系统的学习和实践经验。应加强高校法学教师的岗前培训，采取多种方式提高其现代教学基本技能、基本技巧，培养先进的教育意识和良好的教育观念。掌握教育学、心理学、教育心理学的基本知识，是合格高校教师的又一必备条件。

3. 业务能力

法学教学工作的操作性、实践性非常强，要顺利地完成教学活动、达到预期目的，除了饱读“诗书”外，还应具备与大学教学工作相应的教学能力和科研能力。

教学能力是指高等学校教师传授知识，以及在此过程中对学生进行思想引导和教育的能力。高等院校的法学教师还应具备解答现实社会法律问题的能力。这些能力主要表现为备课能力、传授能力和组织能力等。备课能力是指教师正确处理教材、教学大纲、相关学科知识和学科前沿知识以及了解学生个性心理特征的能力，在理论上实现因材施教。传授能力就是指高校法学教师能够熟练运用整套法律语言，把相关的法律知识按照备课设计传递给学生的能力。主要包括准确的语言、丰富的词汇、良好的仪态、抑扬顿挫的语调、流畅的板书，实现寓教于乐。组织管理能力是教师组织课堂教学和组织学生参加司法实践活动的能力。课堂教学组织能力要求教师通过教学活动引发学生学习法律的兴趣，激发学生的求知欲望。良好的教学组织能力是教学成功的关键，是教学艺术的综合体现。因此，高校法学教师应经常参与社会的立法、司法活动，进行社会守法和法律意识调查，积累丰富的立法、司法实践经验，培养较强的立法、司法实践能力，把理论运用于实践，为社会主义市场经济建设服务，充分体现法律的价值。①

科研能力是《高等教育法》对高校教师所应具备的素养的要求。高等院校法学教师应该首先立足于成为法学教育家，既要对法学教育的目的、任务、教学内容、教学方法、法学人才要素等一系列问题进行研究，也要研究如何把法学知识最有效地教给学生，提高教学质量和教学效益。其次要争取成为法学家，要对法的精神、法学专门知识、法律实践当中的问题进行研究和总结，有将理论与实践相联系的能力，有制定科研计划、开拓研究方法、敏锐地确定研究课题的能力。通过科研能力的培养，促进教学水平的提高，以更好地培养创造型人才。

（二）加强法学教师的职业道德建设

卓越法律人才教育计划的实施需要有一支合格的师资队伍的支撑。地方高校卓越法律人才教育培养计划的实施能否取得成功，关键在于教师，关键是看我们能否建设一支满足卓越法律人才培养要求的高水平教师队伍。在当前职称考核评价体系的影响下，教师的主要精力都放在承担科研课题、发表论文上。教师们腾出更多的时间去做兼职律师业务的现象在高校法学教师队伍中并不鲜见。如何通过制度增强法学教师的职业归属感，强化其作为教育者的社会角色，加强法学教师的职业道德建设，已成为应

---

① 蒋后强："高等院校法学教师基本素质探析"，载《成都中医药大学学报（教育科学版）》2000 年第 1 期。

当高度关注的问题。

1. 加强法学教师职业道德建设的含义及构成要素

教师职业道德简称“师德”，是教师搞好教学工作、顺利完成教书育人任务的必要条件。高等法学院校培养的是法官、检察官、律师、社会法律工作者以及各类管理人才，法学教师的一言一行对法科学子的成才起到重要作用，因此，高等院校的法学教师应该具备崇高的职业道德情操和民主、平等、公平、正义的精神。

2. 法学教师职业道德建设的必要性

加强法学教师职业道德建设符合全面推进依法治国的时代要求，同时也是提高法学教师队伍素质的要求，是为当前的法治环境培养优秀的法律人才的必经之路。强调法学教师师德建设的内涵就是要让法学教师以马列主义、毛泽东思想、邓小平理论、“三个代表”重要思想、科学发展观以及习近平总书记一系列重要讲话精神为指导，认真学习党的方针政策，了解我国国情和历史，自觉提高自己的思想政治觉悟和思想政治素质；爱岗敬业，忠于党的教育事业；具有强烈的职业光荣感和社会责任感，志存高远，忠于职守，乐于奉献，自觉履行教书育人的神圣职责，以培养优秀的法律人才、发展先进文化和推动法治社会进步为己任，以高尚的情操引导学生全面健康发展；以先进的教育理念为指导，以最有效的方式传授知识、启迪学生的思维，使学生在最短的时间内掌握法律专业的基础理论，并不断进取，刻苦钻研，逐渐掌握实际操作的方法和技巧，为建设法治政府、法治社会、法治中国贡献自己的一份力量。①

教育部、中央政法委员会联合发布的《关于实施卓越法律人才教育培养计划的若干意见》（教高〔2011〕10号），将高尚的法律职业道德品质确定为卓越法律人才的基本素质之一，并要求“强化法律职业伦理教育”。学者们也公认，合格的法律人才须具备两个方面的专业素质，其一是法律

---

① 于秋波主编：《教师道德概论》，东北林业大学出版社2003年版，第136页。

知识与法律技能，二是法律职业伦理道德。而贯穿于这两个方面的核心精神因素是法治理念和法治思维方式。法学教师首先应该拥有高尚的法学教师职业道德，只有成为这样的卓越法律人才，才能够培养出大批卓越的法科毕业生。

法学教师参与法治中国、法治政府和法治社会建设的社会服务业绩，应作为高校考核法学教师业务、业绩和政治素质的一项重要的考核和评价指标。对于坚守法律职业道德操守的法学教师，应当予以大力表扬和奖励，而对那些不能坚持基本法律职业操守者，则要予以批评教育和责令改正。对个别公开发表言论和采取行动反对法治的害群之马，则要从法学教师队伍中依法清除。只有这样，才能逐渐形成高校良好的法治校园文化环境，并进而培养和教育出有良好法律和法治素养的法科毕业生。

（三）建设专门的实务型教师队伍

法学是一门实践性和技术性很强的社会科学，法学教育中的实践教学环节在法律实务型、创新型人才培养中具有重要作用。我国法学教育应确立实践教学的主体地位，加强实务型人才的培养。这就要求务必把实践教学作为能力培养的主战场，建立以实践教学为主的实务能力培养体系，建立新的教学管理体制，构建适应实践教学的师资队伍。

培养具有实务能力的人才必须要有适合于实务能力培养的教师队伍。当前，高等学校中现有的师资中这类人才很缺，我们必须加大师资队伍建设的力度，加紧培养一批能力强、水平高、负责任、有事业心的，具有丰富法律实务经验，适合于实践教学的“双师型”教师队伍，以适应实务能力强的人才培养的需要。①

法学是一门与社会紧密联系的实践性极强的学科，而我国的法学教师大多是从学校到学校，对法律的认知大多来自于书本，知识结构一般为纯

---

① 胡亚球：“对我国法学应用型人才培养模式的反思与重构”，载《法学评论》1999 年第 1 期。

理论性知识，缺乏法律实践工作经验，其教育教学也主要是以传授理论知识为主。虽然目前高等学校中部分法学教师兼职从事律师或仲裁员工作，但总体数量并不大，且学校往往认为教师的这些工作的性质是兼职活动，不予鼓励。不可否认的是，如果没有一定的经济利益驱动，或许连这些教师也不会有太大的兴趣去从事这些兼职活动。虽然我们强调要加强对学生实践能力的培养和训练，但我们的法学教师总体上却缺乏实践活动的经验。虽然从理论上讲，没有实践经验并不意味着一定不能从事实践性内容的教学，正如俗话所讲的："秀才不出门，便知天下事。"然而，"纸上得来终觉浅，绝知此事要躬行。"没有一批能实际从事法律实践工作并始终跟踪法律实践发展步伐的法学教师，法学院系的实践性教学效果必然会受到很大影响。为了推进实践性法学教育，高校法学院系应鼓励教师适当参与社会实践。例如，让部分教师去做兼职律师、仲裁员、企业法律顾问以及公司独立董事。这样不仅为开设实践性课程准备了师资条件，而且在理论性课程中也坚持理论联系实际，将经典案例与法学理论有机串联起来进行讲授。如果为学生开设实践性课程的教师具有丰富的法官、检察官、律师或仲裁员实务经验，就可以扮演好"双师型"教师的角色。另外，还可以从校外聘请兼职教授，开展与校外法律实务部门和相关单位的合作，建立校外实训基地。安排兼职教授定期或不定期地为法学院系的本科生和研究生进行法学讲座、专题学术报告，从而有利于学生获得来自实务部门的最新信息，有利于促进学校建立与实务部门的长期、稳定的合作关系。

（四）推行"请进来"计划，建立健全兼职教师制度

教育部、中央政法委员会、最高人民法院、最高人民检察院、公安部、司法部《关于实施高等学校与法律实务部门人员互聘"双千计划"的通知》指出：为贯彻落实《教育部、中央政法委员会关于实施卓越法律人才教育培养计划的若干意见》（教高〔2011〕10 号），加强高校与法律实务部门的合作，探索建立高校与法律实务部门人员互聘制度，提高法律人才培养质量，实施高等学校与法律实务部门人员互聘的"双千计划"，推

动高校与法律实务部门人员互聘，促进高等法学教育与社会主义法治国家建设实践的结合。

聘任法律实务部门优秀人才为法学兼职教师，引进法律实务工作者任课。律师、法官、检察官等法律实务者有一定的法学理论基础，更有丰富的法律实践经验。吸收优秀的法律实务工作者任兼职教师，承担模拟法庭、合同起草、公司创建与运营、律师实务、法律文书写作等实践性较强的课程，言传身教，提升学生的就业竞争力及社会对法学毕业生的满意度。当然，教育教学与法律实务毕竟属于不同层面，要加强对实务人员兼职教师的指导与监督，既要保证教学秩序与教学目的，也要保证兼职教师的作用充分发挥。要实现这一目标，应当从以下几个方面着手。

1. 国家要制定和完善相关法律法规与政策

国家需要修订《教师法》和《职业教育法》两部法律。在《教师法》中调整教师概念，在外延上增加其他行业实务人员“兼职教师”类型，规定兼职教师是教师的一种特别类型。通过修订《职业教育法》，实行资格认定制度，对兼职教师的性质、地位、作用、聘用机制、管理措施和考核方式等予以明确和完整规范。以此使兼职教师队伍建设置于国家法律强制规范和要求之内，依法实施，但也要避免向专任教师的随意身份转换，化解其他单位人才流失之忧。

各级政府要制定相应的法规和政策，提供完善的支持，包括社会美誉度奖励，增加对其他机关、部门考核的社会效益标准，对积极支持本单位技术人才担任兼职教师、效果出色的企业给予财政与税收优惠等，提高其参与合作的积极性。还应打破现行师资队伍编制对学校经费预算的束缚，研究确定学校师资队伍中需要兼职教师的合理比例，向学校提供至少等同于在编教师标准的相应财政预算予以支持建设。2008 年，中央财政就曾划拨专项经费2400万元，资助 907 所中职学校的1249个紧缺专业，特聘3010名兼职教师，这对各地方政府应是很好的范例。劳动人事部门也应修订专业技术职务评定办法，将其他单位专业人才的兼职教师经历和成绩考核纳入其专业技术职务晋升的必要条件。例如，对担任法学兼职教师并取得较好成绩的专业人才，可规定在同等条件下优先评聘高一级专业职务等，以此将法律实务人才兼职法学教师正当化、制度化、规范化。

2. 教育行政部门和司法行政部门要制定配套措施和建立科学运作模式

教育行政部门既是学校的主管，又是政府职能部门。司法行政部门是司法相关工作的政府职能部门，应积极在学校和企业、律师事务所等单位间搭建平台，从而明确引导学校有效克服在兼职教师队伍建设上的自发随意性，走向规范化、制度化。引导发挥现有各行业协会的作用。通过行业协会，按照模块化方式划分岗位（群），将相应各类技术人才组织起来，运用网络技术建设兼职教师人才资源信息库。进行考核选拔，分类登记。还要将新退休技术专家中健康能胜任且愿意执教者选拔纳入资源信息库，这部分人才经验丰富，技术精湛，只要身体健康，一般不受其他制约，管理、使用简单方便。这可以有效解决兼职教师来源的稳定性问题。

推行兼职教师资格认证制度。依托行业协会对候选人员组织实施必要的教学方法技能和师德修养培训，合格者颁发兼职教师资格证书。实行兼职教师资格证书和专业技术职务资格证书双证结合、持证上岗，有效保证兼职教师质量。应修订现有关于职业教育校外实践教学基地建设的文件，在利用优惠政策措施鼓励校企共建校外实践教学基地的同时，应纳入兼职教师队伍建设内容，形成政策的完整系统化和企业中可用资源的集约化，可一举多得。

3. 学校要建立和完善兼职教师管理模式

伴随着职业教育的发展，法学兼职教师聘用将走向常态化、规模化，成为法学院管理的重要模块。但兼职教师与学校之间只是一种聘任与被聘任关系，不存在隶属关系。院校对兼职教师既要严格管理，又要体现以人为本，激发其潜能和积极性，促其为学校多作贡献。

（1）建立健全管理体制，严格管理。首先是要健全机构，设置专门的机构和人员负责兼职教师的聘用和管理。根据教学需要，提前规划好年度或学期聘用规模及其岗位要求，做好聘用计划，制定聘用条件、标准和公正合理的招聘程序。其次是要把好入口，对拟招聘人员的法律业务水平、理论素养、职业道德、思想状况、工作实绩等进行多方面考察，严格进行资质审核，确保其适合教学需要。最后是要抓好使用管理，运用教学督导、信息反馈、教学评价等手段，通过校内教学质量监控体系，及时掌握兼职教师教学情况，不断提高教学质量。

（2）建立和实施以人为本的管理模式。首先是要做好兼职教师的各项保障工作，包括为其提供基本的工作和生活条件，要积极主动地和其所在单位进行协调沟通。其次是增强兼职教师的归属感，让兼职教师多参与学校的活动，如一些重要会议、集体活动或是教学教改业务研讨活动等，满足他们被尊重的需要，积极为他们提供培训机会，增强他们的教学能力及对所在兼职学校的责任感。最后是完善激励机制，对那些爱岗敬业、表现突出、教学效果出色的兼职教师可以额外给予一定的物质和精神奖励，增强兼职教师的荣誉感和凝聚力。

4. 各单位要积极转变观念，制定相应的保障制度措施

有些单位不支持其工作人员做兼职教师，主要是观念偏差和政策吸引力不足。例如，法院、检察院、公司法务部门或者律师事务所、公证处等单位应充分认识到，有一定数量的工作人员做兼职教师，对本单位的技术更新、工作人员整体素质的提高等，都会有积极意义。

要积极转变观念，从被动变主动，在国家法律和政策引导下，主动制定和完善与学校进行校企合作的相关制度，深化产学研结合。把兼职教师当作与学校合作的桥梁，发挥人才预设功能，根据发展需要提出未来人才需求的数量和类型规格，通过与学校建立兼职法律教师教研参与机制，让学校合理设置专业和课程体系等，实现人才培养的供需对接。再者可以把学校作为自身的编外技术项目研发基地，建立合作联盟进行科技攻关。通过合作实现优势互补、资源共享，促进科研成果向企业生产技术成果转化，引领科技创新方向，提升企业的技术创新能力和发展的核心竞争力。

要制定较完善的教学兼职人员的具体管理制度和措施，形成良好的内部管理运行机制。要制定对兼职教师离岗进校兼职期间的岗位工作的处理办法，妥善安置工作交替，提供兼职工作的时间及条件保障；制定对在岗兼职指导学生实习的兼职教师管理办法，与指导学生实习工作合理结合；制定相关人事劳资政策，处理好兼职期间的工作考核评价与企业内部考核晋级和奖惩聘用关系；可以与学校联合制定技术合作协议，处理好各机关单位内法律专业人才兼职期间的技术开发成果与企业和学校的利益关系问题等。企业通过各项具体制度和措施，形成科学的长效机制，为兼职教师营造一个良好的制度保障和发展环境，也让企业自身发展获得一个新的支持点。

（五）实施“走出去”战略，增加法学教师司法实践经验积累

法学教师在法律实务部门兼职，是现代法律教育中师资队伍的重要建设模式和组成形式，加强兼职法学教师队伍建设是优化法学教育师资队伍的重要举措。实践教师队伍建设是加强实践教学的基础和核心。通过完善建设机制，逐步形成一支结构合理、人员稳定，既具备扎实的学科理论基础又懂专业操作，实践能力强、教学效果好的实践教师队伍。[①]

1. 法学教师参加法律实践的必要性

（1）法学教学的需要。法学教育中单调刻板的理论框架和学院式的教学法，与日益丰富多彩的实践和实用型人才的需求之间的矛盾更加突出。在民法、刑法、行政法、经济法等各部门法的讲授中，如果教师仍然单纯地讲解条文，通过分析条文得出正确结论，已经不能适应现代法学教育的需要。因为在现实生活当中，条文的分析必须与事实的认定、人际关系的处理、利益的冲突、特定的文化和道德风尚以及各种社会状况相联系。

（2）提高学生法律实践技能的需要。学习法律的学生，都希望自己毕业后有较强的实践技能。实践技能包括机敏的思维、雄辩的口才，以及对

---

① 柳海民：《当代教育理论专题》，东北师范大学出版社2002年版，第158页。

案例实际分析、运用法律的能力，也包括对诉讼过程的熟练、各种司法文书的制作能力。培养学生的实践能力，主要通过到法院旁听、模拟法庭、实习等环节来实现。这些环节的开展都需要教师的指导，教师如果本身不具备这些能力，根本不可能进行指导。

（3）进行科研、实际理论创新的需要。法学教师在写论文、做课题过程中，不仅需要扎实的理论知识，还要有广博的社会学、伦理学、经济学、逻辑学等方面的知识，还要了解社会的各个领域，同时具有一定的司法实践经验。通过实践我们可以深入实际，从中掌握新情况、发现新问题、收集新材料、选好研究课题并作出独创的、新颖的研究。这也是法学教师指导学生的毕业论文的要求。一般教师数量少，学生多，一名教师要指导很多学生，而且学生的论文写作方向很分散，这就要求教师对新的法律、法规有所熟悉，同时对新的法学理论有所掌握。这些都要求我们法学教师多参加教研会，多看法制类电视节目，关注人民法院的司法解释。

2. 法学教师参加法律实践的途径

（1）代理案件。可以做民事诉讼案件、行政诉讼案件的代理人，也可做刑事诉讼案件的辩护人。法学教师应当不断学习，努力提高专业能力，通过司法考试，获得执业律师资格。通过打官司来丰富自己的实践能力。有的同学没有通过司法考试也不要紧，只要具有一定的知名度，法学教师取得诉讼代理人或是辩护人的资格还是不难的，原则上只要当事人信任并授权委托即可。自己的朋友打官司没有请律师或者是请不起律师，法学教师也可主动提供司法援助。有条件的院校还可以成立一个律师事务所，对外营业，并为社会上的弱势群体提供无偿的法律援助。

（2）和当地的人大法工委、法制办、司法局进行合作，开展培训。各高校具有较完善的教学设备、师资和较好的常规管理机制，并且办学历史比较久，在当地信誉较高。当地政府法制部门的培训一般都放在高等院校进行。法制部门的培训通常为一年两次，人员为各部门的行政执法人员。

这几年我国法律的更新速度相对较快，每年法制部门都要组织各部门学习新的法律。随着市场经济的发展，社会对法律知识的需求也越来越大。有法学专业的院校可以和司法局联系开展一些面向社会的法律培训，如面向私营企业人员的劳动法培训、面向律师和其他法律工作者的继续教育、面向中小学校长的教育法培训等。

（3）高校选派教师到法律实务部门兼职。选聘到法律实务部门兼职的法学专业骨干教师，应当具有较高的思想政治素质，认真学习中国特色社会主义理论体系，模范践行社会主义法治理念；师德师风好；具有高级专业技术职务、较强的业务能力，能够帮助法律实务部门分析、解决疑难复杂案件；忠实履职，能够在聘期内完成相应的实务工作。

到人民法院、人民检察院、公安机关兼职或挂职的教师，还应符合《中华人民共和国法官法》《中华人民共和国检察官法》《中华人民共和国人民警察法》等有关法律法规规定的任职条件和资格。选聘担任法律实务部门行政领导职务的，还应具备正高级专业技术职务和较强的组织管理能力，符合《党政领导干部选拔任用工作条例》规定的任职条件和资格。

（六）强化法学教师培训

法律是动态的，是不断发展的，所以法学教师必须有职业敏感度。有必要通过培训，逐步打破狭隘的教师培训思维，致力于建立职前职后一体化、职后培训多元化与常态化的法学教师终身教育体系。

法学教师培训作为在职法学教师继续教育的一种重要形式，经过多年的发展，已经走上了大规模、全员性、常态化的道路。换言之，加强教师的培训，使其在教师的专业成长中产生更加积极的影响，已经成为政府及其相关部门的责任和义务，而在职法学教师接受培训也已成为一项必不可少的日常行为。在这样的背景下，有效推动教师培训的专业化进程无疑是一项重要任务。所谓教师培训专业化，应该是为在学校教育教学相关领域有研究专长的专业人员有目的、有计划、有组织地设计、实施的教育活动。推动法学教师培训专业化的目的有二：一是促进法学专业教师观念、知识、能力、行为等的变化，使之既符合教育改革的要求，更符合教育发展与法律学生成长的规律；二是促使培训课程设计、方式选择、组织实施、评价反馈等过程逐步符合法律专业化的基本要求。但要使培训能够对教师的成长与发展产生深层的触动，仅有这样的认识还远远不够，还应该在更高层面上建立教师自己对培训的认识。①

① 杨晓东：《高校教师培训需求分析——北京林业大学为例》，北京林业大学2011年硕士学位论文。

第七章 创新法学教学质量评估体系，促进自省与发展

一、传统教学质量评估体系的缺陷

新中国成立以来，中国法学教育取得的成绩应当予以充分肯定。但是，面临的挑战也很多。既有历史遗留的弊端，又有发展中产生的问题，也有正在形成的矛盾；既有宏观社会调控的不足，又有中观管理模式的漏洞，也有微观操作制度的缺陷。其中教学质量评估体系的缺陷就是我们无法回避的问题之一。[①]

雅斯贝尔斯说："学校越开放，对外部要求就越敏感，从而过于轻率地适应眼前需要而放弃长远责任的危险性就越大"。在社会变迁浪潮中，大学的社会功能被无限放大，导致高校本体职能的淡漠和内在教育品性的日渐衰减，外在社会功能不断拓展。大学越来越热衷于外在需求的满足而忽视内在品质的塑造。随着我国法学高等教育规模的不断扩张，引发政府、公众对高等教育质量的担忧。政府、社会公众对大学法学教育的问责，使得大学法学教学问题备受关注，对教学质量优劣评判成为当前高等法学教育热点问题。高校法学教学质量评估是高等教育评价理论微观教学场域中的实践，随着教育评估理论的发展轨迹跌宕起伏。评估是保障教学

① 冀祥德："论法学教育中国模式的初步形成"，载《法学论坛》2011 年第 5 期。

规范和提高质量的重要手段，在大学教学管理实践中具有导向性作用，直接影响着大学教学发展的走向。教育评价在国内外一直备受关注，是教学评价制度发展的风向标。高校法学教学质量评估是教育评价理论在教学场域中的具体实践。

在政府宏观监控与指引下，我国高校法学教学质量评估制度也经历了观念、指标、程序、机制等方面不同程度的变革。但这种变革愈发远离了法学教学评价的内在品质，在实践中存在严重的“意义缺失”。高校法学教学质量评估并非完全能够按照预先设计的指标进行结果与目标对接，需要采用一定的技术、方法对出现的偏差进行分析和纠正。

高校教学质量评估制度作为高等法学教育管理的主要手段，在高等教育教学管理实践中发挥着重要作用。高校教学评价是指依据一定标准，采用适当的方法对高等学校教学行为作出客观衡量和价值判断的过程。能否系统、合理、科学、公正地对教学活动进行评价，直接关系到教育的诸多发展问题。在法学教育方面也是如此。

（一）描述指标的静态性

所谓指标的静态性是指现行法学教学质量评价标准更注重那些描述性、表面性、易于量化的单因素评价指标，并将它们简单相加，缺乏各教学因素之间互动效应的评价指标，尤其缺乏那些潜在因素（如创造性、主体性等）的弹性指标。

指标体系静态化，难以发挥甄别、激励、改进作用。从高校法学内部教学质量评估来看，目前大多数开设法学专业的高校，根据实际情况制定了相关教学评估的指标体系，主要用于教师评估。然而受重科研、轻教学观念影响，目前上述高校在教师职称评聘方面，科研论文属于硬指标，对申请不同级别的教师有不同的要求，但对具体的教学方面却是教授、副教授、讲师的评估标准基本统一，导致法学教学评估看似有指标，实际无指标，只要达标就可以无后顾之忧。这种指标静态化的现象，致使法学教学质量评估难以发挥真正甄别、激励和改进教学的作用。[①]

另外，法学为一门基础理论与实务紧密联系的学科，受社会某些急功近利的观念的影响，部分法学院，尤其是规模较小的地方院校，一般都偏重理论课，忽视实务课。而实务课的教学一般比理论课的教学难度更大。但是，仅就学生而言，对于理论课可谓情有独钟，大多觉得理论课简单、实务课麻烦，眼高手低；再加上大学对于实务课的评价体系是参照理论课的静态化，在这种情况下，上实务课的教师所受到的评价一般都可能比较低；同时实务课的教师由于也受静态化指标的影响，对学生的评价往往无法反映一个学生的真实情况，高分低能现象屡见不鲜，学生对于法务实践操作的想法停滞于“我知道该怎么做”，没有达到“我会做什么”或者“我能做什么”的标准。学生学习知识与灵活运用这两个标准之间，看似一步之遥，实则相距甚远。

（二）效果指标的片面性

效果指标的片面性，是指在教学实践中注重课堂教学质量，忽视师生课外的教学和学习活动质量；注重教师教学基本功的考察，忽视教师教学研究能力和教师的个性、创造性、人格等因素在教学上的体现；注重规范性和知识性等易于操作的指标的考察，忽视素质性（如创新能力等）等不易操作的指标的考察；注重结果评价，忽视过程评价；注重环节评价，忽视整体评价。

评估指标确定的片面性难以真正反映评估对象的水平。“指标—量化”模式的评估注重指标的行为化和可测性，那些难以行为化和量化的指标常常被方案制订者忽视或放弃，因此质量评估中常常只是将价值取向固定于某些特定的指标，只分析这些指标是否达到，对那些尚未达到基本价值标准的活动可以起一定的导向、激励和评鉴作用，而对那些基本达到评估方

① 王根顺、邓红：“我国高等学校教学质量评估的理性思考”，载《高等理科教育》2003年第2期。

案所规定的价值标准的评估对象却难以反映其评估标准以外表现出的特点和特色。由此，导致评估结果大多在合格以上，没有明显的区分度，难以合理地区分评估对象的水平。长期如此，将使评估结果流于形式，造成不必要的浪费。①

法学学科的内容较为繁杂，法学科目的一些内容较简单，属于认知性的知识，而有一些部门法的内容需要以思辨的逻辑对所学知识加以研究，如果仅仅以学生试卷的成绩或者学生对老师的评价来作为效果指标，无疑存在巨大的问题。而且，由于有一些额外的功利因素的介入，如学生奖学金、老师绩效奖金，使得师生之间对评价产生一种默契，这更无助于指标的评价效果。

（三）缺乏对学生知识、能力与素质的综合衡量指标

缺乏综合衡量指标，主要是指对于学生现有的评价指标过于程式化和单一化。教学质量评价标准应有一定的灵活性，为师生创造性的发挥留下足够的空间。高校法学教育的目标是全面培养学生的法学知识能力和素质。具体各部门法的教学效果主要体现的是学生掌握与运用知识的程度。但现行的法学教学质量评估指标并不能很好地衡量学生的法学知识掌握程度和能力提高程度，特别是不能体现学生的素质高低。学生的素质培养，主要指学生对社会的体验、对环境的适应性、对法学专业的热爱及对社会的奉献精神。这种法学素质的培养，往往与学生的人格相关，并且是在法学教师个人人格的潜移默化下形成的。正所谓教师“教书育人”的一个重要的效果。这也是难以通过现行的对教师的教学质量评价来确定的。②

法学学科内容多元，而现行教学质量评价标准往往是用固定化、程式化的指标来衡量本应充满个性和特色的法学教学活动。这些单一形式化的

---

① 王根顺、邓红：“我国高等学校教学质量评估的理性思考”，载《高等理科教育》2003 年第 2 期。

② 汪威毅、万晓兰：“高校教学质量评估体系科学化的思考”，载《福州大学学报（哲学社会科学版）》2001 年第 S1 期。

指标体系往往难以触及大学教学最本质的东西，所以并不能完整而切实地反映法学教学质量与学生的知识、能力与素质。

现在学校里面流行绩点或者综合测评，看似公平客观，实则对于法学学科的教育评价没有任何意义。所以，针对法学专业对学生的要求，我们应该设计出一个具有特色的量体裁衣的衡量指标。

（四）缺乏对教师教学个性评估的弹性指标

众所周知，现行对于教师的教学评估大多是自上而下的，难以保证当事者真正、主动地参与其中。当前，高校法学教学质量评估中的价值取向是由评估方案制定者事先规定，用指标体系将其固定，这些预先制定的指标体系规定了评估者“评什么”和“怎么评”，评估对象只是被动地接受评估。

这种自上而下的评估方式，体现了上级对下级的指导和检查，难以使评估对象真正参与并通过评估改进法学教学。虽然目前各校均重视各相关评估者的参与，如强调学生对教师的评估等，但对评估对象的真正想法、意图却缺乏重视和理解，导致评估中难以得到评估对象的真正拥护和参与。[①]

因为这种自上而下的评估方式，法学教师的教学思想、教学方法和教学风格都如同编程一样程序化。要求教师在教学上完全按照一定的规范进行，采用千篇一律的教学模式，这对教师的创造性是一种抑制，学生也不希望每个老师在他们面前都以同样的面孔出现。

法学教学本来就是一种创造性的劳动，学校的教学要生动活泼、丰富多彩，在客观上也应允许教师的个性在教学中得到充分体现，而不是压抑教师的这种创造性。学校所制定的教学规范是必要的，但是应该在一定程度上为教师的教学留下灵活性空间。[②]

---

① 王根顺、邓红：“我国高等学校教学质量评估的理性思考”，载《高等理科教育》2003年第2期。

② 汪威毅、万晓兰：“高校教学质量评估体系科学化的思考”，载《福州大学学报（哲学社会科学版）》2001年第S1期。

（五）缺乏对教师因材施教效果的评价

所谓因材施教，就是教师在对学生的培养过程中，要善于发现学生的个人天分、素质特点和专业兴趣，引导学生发挥自身的优势、克服自身的劣势，选择自己合适的发展方向。

正如每个教师都有个性一样，学生由于生活环境或学习环境的不同，也是有充分的个性的。学生的个性在学校期间也会有充分的发展和表现，并且影响学生的学习态度、学习习惯和学习效果。

一般的课程教学质量的评价，教师多是局外人，教师对学生的评价仅体现在学生的考试分数上，缺乏一种对学生学习状况和个性的分析，因此很难发现学生存在的问题，发挥学生的特长。在课程教学质量的评价中，我们应重视法学教师的积极参与，开展教师评学和进行教学总结。教师除了完成教学任务外，还应主动了解学生的学习情况，尽可能掌握每一位学生的学习状态，做到有的放矢、因材施教。除了给学生一个成绩外，还应该给学生一份评语，使学生清楚自己的优势和差距。当然，在实际中，每位教师都可能要面对较多的学生，要做到对每位学生心中有数是比较困难的，但对于那些表现突出的学生写出评语和对学生总体的学习状况进行评价应该还是不难做到的。这样做的结果，不仅有利于因材施教，发挥学生的特长和指出存在的问题，同时也有利于核实学生对教师教学情况的评价的可信度，有利于综合评价课程的教学质量。此外，教师也对自己的教学情况进行一次总结。

对每个法学学生教学质量评价是一个复杂的系统工程，影响法学教学质量的因素是多方面的，而评价教学质量的目的正在于找出这些影响因素，从而进行有针对性的控制，进一步提高每位学生的教学质量。然而，传统法学教学质量评价过分强调其鉴定作用，过于看重数据，有些学校甚至用数字“算出”学生的优秀率、良好率、及格率和不及格率。殊不知，在影响法学教学质量的诸因素中，有许多因素，如教师的人格、教师的情感投入、学生的态度和价值观等，是无法用准确的数字加以衡量的。如果没有因材施教的教学评价，只是采用总体质性分析的方法，就无法得到正确有效的结论。

但现实是我们大多开设法学教育的高校更重视对教师教学总体性评估，即关注评估总体对象在各项指标上的达标结果，其实质是面向总体评估对象以往的工作成果或表现，缺乏对个体教学过程深入实际的了解，不能有针对性地对教学提出改进意见和解决的方法，从而使评估结果只是验证了教师是否履行了应有的工作职责、他们的表现是否符合上级主管部门的期望与要求、是否能正常晋级等方面，难以调动全体人员的积极性、主动性和进取心。忽视对个体教学过程的评估即因材施教的评估，缺少合理、科学的过程保障，难以实现法学教学质量评估应达到的更高目标，我们达到的只是“及格”或者“良好”的水准。[①]

（六）缺乏“以人为本”的教学评价观念

我们认为，现阶段高等学校法学专业教学质量评价在观念上存在的问题主要表现在两个方面：一是在思想观念上对法学专业教学质量评价本身的不重视，二是法学专业教学质量评价观念缺乏“以人为本”的思想。

长期以来，开设法学专业的高校以科研为导向的评价模式模糊了各类教学主管的视线，致使教师的教学评价处于一种边缘化的尴尬境地。今天，绝大多数本科院校对教师的考核过多地强调发表论文的质量和数量、承担项目的级别和经费以及获奖的等级，而教学则成为软指标，常常得不到充分肯定。一个在理论上可以相互证明、相互促进的关系，在实践中却成了一轻一重的关系。教学的边缘化地位使教学质量评估成为一个容易被人忽视的环节。在这种畸形的教学评价观念下，整个法学教学活动充满了功利的色彩，教学评估主体、教学主体、教学客体一起完成的是指标，而不是教书育人。

---

① 王根顺、邓红：“我国高等学校教学质量评估的理性思考”，载《高等理科教育》2003年第2期。

（七）开设法学学科高校法学教学质量评价主体多元化实效性差

一个良好的法学教学质量评价体系，必须建立在广泛的支持和参与基础之上。评价主体的多元化，使得评价结果可以相互印证、结合使用、减少误差，从而使评价结果更具权威性。因此，在评价中应把师生自评、教师评价、学生评价、同行评价、教学主管部门的评价结合起来。然而，现实情况却是：第一，学生评价得不到应有的重视。学生作为法学教学活动的直接感受者，对法学教学质量评价具有最直接的经验意义，但同时他们又表现出明显的功利色彩。学生容易以自己的喜好或需要来评价教师，教师为了得到学生较高的评价也可能迁就和迎合学生；学校出于种种原因对“学评教”的结果多以非公开化的方式处理，这种处理方式又使学生觉得评价工作不过是走过场，渐渐失去热情和认真的态度，致使“以学评教”的积极意义得不到应有的发挥。第二，教师作为教学活动的主体，其自我反思与评价具有举足轻重的意义。但教师面对自我评价的要求，往往会形成一种自我保护的思维定势，不是直接地去反思、剖析法学教学过程中存在的问题，而更多地以形式化的语言，以工作汇报的形式，以报喜不报忧的结论，以应付年度检查的心态来对待这种自评，使自我评价流于形式。第三，同行评价具有专业性强、熟悉情况、容易组织和相对客观的特点，但这种评价在现实中存在人情面子、利益纠葛等人为因素的干扰，很容易出现与事实不符的情况，也极易流于形式。第四，法学教学主管部门的评价能从学校整体的教学目标出发对教学工作进行监督，受人为因素和主观因素的影响较轻，相对客观公正。但是，教学主管部门的听课是非常有限的，仅仅通过一两节课的表现给出评价，难免存在以部分代替整体、信息不完全的情况。另外，整个教学质量评价基本上是教学主管部门对师生进行的单向评价，缺乏师生的广泛参与，其评价结果值得怀疑，而且不易对师生形成激励。①

---

① 朱萌：《本科高校教学质量内部评价研究》，河南大学2007年硕士学位论文。

二、建立适应卓越法律人才教育改革的教学质量评估体系

（一）学生的评价与教师的评价相结合

开设法学学科的高校法学教学质量评价是教学管理体系的重要组成部分，是学校内部管理结构的核心，是整体教学活动的调节器，它不仅关系到法学教学活动的正常运行，而且对法学教学质量的提高起到至关重要的作用。教师和学生是教学活动的主要参与者，是教学目标实现和教学质量保障的主体，因此，师生参与教学管理质量的评价，对提高学校办学水平和教学质量有着深远的意义。①

法学教师教学质量评价是一项复杂、细致、政策性较强的工作，它关系到对整体教学质量的评价，涉及每个教师的声誉和切身利益。任何单一性的评价主体要想对教师教学质量作出全面而科学的评价是极其困难的，如果笼统地采用不同主体根本不了解的评价信息，势必会影响教师教学质量评价的可信度。学生是教学活动的直接参与者，他们对教师的教学活动以及师生交往有着最直接的感受和判断，学生评价是教师教学质量评价方法中最直接、最生动、最具有说服力的评价。但是，学生作为教师教学质量评价的主体，评价能否客观、结果是否可信，是一个长期以来引起争议的问题。

依赖于法学学生的教学质量评价是建立在“学生愿意进行教学质量评价，以及学生有能力进行教学质量评价”两个前提基础之上的。如果这两个前提不牢靠，依此进行的学生评教的结果就不准确，法学教学质量评价一直都会受到其影响。②

法学学生和教师法学教学管理评价是高校法学教学质量监控与评价的重要组成部分，是法学教育贯彻“以学生为中心、以教师为主体”教育理

---

① 辛静：“师生评价教学管理理论初探”，载《黑龙江教育学院学报》2014年第8期。

② 杨海飞、吴彤：“论大学生教学质量评价胜任能力——基于实证研究”，载《人力资源管理学》2014年第7期。

念的重要体现，是完善高校法学教学质量评价体系的必然要求，是实现高校法学教育管理民主化的重要途径，是高校提高教育教学质量的强大推动力。师生评价法学教学管理应该有先进的理论指导，并且要建立科学的评价指标体系，完善管理制度，提高管理人员的素质，才能切实发挥对教育教学工作的监督和保障作用。

1. 师生评价的意义

（1）师生评价法学教学管理是高校贯彻“以学生为中心、以教师为主体”教育理念的重要体现，是以人为本思想在法学教育中的创造性实践。它主要体现在将学生和教师利益作为学校工作的根本核心，尊重学生和教师的主体地位和主体作用。在开设法学学科高校，学生和教师不仅是教学管理的客体，也是管理的主体，他们参与、经历和感受整个学校管理的全过程，并在其中发挥着主观能动作用。因此，师生参与法学教学管理质量评价极具说服力。师生参与教学管理评价，是高校对师生主体地位认识的进一步深化，是高校人文关怀的具体表现，这不仅有利于推动管理者和被管理者之间和谐关系的构建，而且有利于及时发现、反馈和解决教学管理中的问题，促进高等教育质量评价水平的提升。

（2）师生相互评价法学教学管理是完善高校法学教学质量评价体系的必然要求。高校法学教学质量评价体系是一个包含学生、教师、教学活动、教学资源、教学环境、教学管理等内容的功能系统。法学教学质量的优劣取决于教学各个环节的质量，以及各环节中各种因素相互作用的质量。因此，法学教学质量的评价对象不能只局限在教学活动的两个主体即学生和教师身上，还应该包括对法学教学活动的“中枢调节器”——法学教学管理的评价。高校管理工作只有公开接受社会和学校内部人员的监督和评价，才能保障学校工作有序开展和可持续发展，从而实现“向管理要质量、向管理要效益”的目标。

（3）师生评价教学管理是实现高校管理民主化的重要途径。高校管理民主化是社会主义民主原则在高等教育领域的延伸。它是在对学生和教师个体价值肯定的基础上建立的，并将实现个体发展作为终极目标，主要表现在积极吸引全员参与管理活动，打破常规、平等合作、集思广益、群策群力，达到管理效益的最优化。长期以来，我国高校一直没有形成“学生为本、学术自由、教授治校、崇尚知识”的文化氛围，导致让教师发挥所长、让学生的潜能得到激发成为空话，学生和教师并没有成为学校工作的中心。实现师生评价教学管理活动，让学生和教师真正参与到大学日常管理工作中，不仅要发挥领导干部、教学管理部门、督导队伍教学管理的监控作用，还要充分发挥学生和教师评价、监督教学管理的作用。

2. 师生评价的目标和规范

更新教学评价观念，明确“师生评价”的目标制度教学质量评价的目的是通过对教学过程中各环节、各因素工作质量的检查和评价，发现影响教学质量的内外因素，经过科学、细致的研究和分析，找出解决问题的办法，最终达到提高教学质量的目的。而教学质量是通过人才培养的质量来体现的。因此，对教学管理活动的评价都应该围绕提高人才培养质量这个终极目标来展开。

“师生评价”作为教学质量评价体系的重要组成部分，其主要目标应该包括以下方面：一是加大学生和教师参与学校事务的力度，培养二者的主人翁意识和综合素质能力；二是完善教学质量评价体系，促进教学管理工作水平的进一步提高。学生和教师通过参与对教学管理的评价，一方面有利于他们理解管理的目的和意义、内容和程序，做到换位思考，消除管理者与被管理者之间的误会和隔阂，使学生更加愉快地接受管理，使教师更容易接受监督；另一方面，使管理活动更加系统、协调和高效。学生和教师的参与为教学管理工作提供了新的视角，有利于帮助管理者有针对性地发现其工作的薄弱环节，准确地找出教、学、管之间相互冲突的问题和原因，帮助有关管理部门作出有效的协调和控制。只有把学生和教师的积极性充分地调动起来，才能保证教学质量的评价工作切实有效地进行；只有把师生评价工作落到实处，才能保障学校教育教学质量的稳步提升。

“以师生发展为本”理念是科学发展观在高等教育领域的创造性应用。它主要体现为学校将学生和教师个人价值的实现和综合素质的提高，作为学校可持续发展的重要衡量标准。在管理工作中，也应树立“以师生发展为本”的理念，建立健全“师生评价”指标体系。教学管理评价的最终目的是提高教育教学质量，促进学生和教师的发展。建立科学的评价指标体系，应该遵循科学性、发展性、可操作性的原则。科学性原则要求评价指标要尊重高等教育的发展规律，要符合学校自身的办学定位和人才培养目标，做到全面、客观、合理。发展性原则要求在评价指标的建立中，要将着眼点放在管理工作的未来，体现管理工作今后努力的方向和奋斗目标。可操作性原则要求评价指标的内涵必须具体明确，涵盖范围广、涉及内容多，既要各自独立又要具有内在逻辑性，还要注意定性与定量相结合，增强可操作性，提高评价的准确性、可信度和有效性。

在遵循科学性、发展性、可操作性原则的基础上，评价指标应该包括四项内容：一是学校的制度、教学政策的导向是否正确；二是教学评估机构的设置是否合理；三是评估人员的服务意识、服务态度是否到位；四是教学评估的效果是否明显，反馈是否及时、有效等。只有建立涵盖内容全面的评价指标体系，才能保证评价的全面、客观和公正，也才能增加评价的效度和信度。采用多样化的评价方式，注重评价结果的合理利用。根据教学管理工作的特点，师生评价可以采取灵活多样的方式，采用常规和专项相结合的评价形式。常规评价包括：落实学生信息管理员制度，促使学生信息管理员采用各种方式将教学管理的各种信息及时反馈给学校的专门评价机构；坚持组织师生评价工作，通过问卷调查的形式，无记名进行调查，并对问卷进行统计分析；定期召开以教学管理为主题的师生座谈会，收集学生和教师对教学管理的意见建议，直观感受学生和教师对管理工作的评价，及时解决管理工作中的问题。专项评价包括选择教学管理工作中的一个环节、一个要素，接受学生和教师的评价，例如，分别对管理人员的服务意识、管理水平、工作质量、工作效率和服务态度进行评价。这种评价方式有利于对问题的深度挖掘，也使教学管理改革更有针对性。对于收集到的信息和数据，要认真分析，仔细筛选，科学总结，有效利用。评价机构应该及时将评价结果公布于众，接受管理人员、教师和学生的监督，并有针对性地解决师生反映的问题，便于师生对整改结果进行监督。管理人员也应积极与学生和教师进行沟通，虚心接受他们的意见和建议，及时完善自身的工作。

师生评价过程中还应注意以下几个问题：

（1）注意教学管理者角色的转变，重视学生和教师的意见和建议。管理者与被管理者之间角色的转换，是在“以人为本”管理理念指导下，高校现代管理制度最显著的特征。二者角色的转变从本质上讲，就是管理观念的转变。人本管理的核心就是确立人在管理过程中的主导地位，调动人的积极性和主观能动性，创造性地组织开展管理活动，达成管理目标，最终实现人和物的全面、可持续发展。一直以来，在我国高校传统科层制管理模式下，管理者居于主导地位的思想，导致高校管理观念陈旧，对教学管理工作理解不到位，忽视管理的双向性和互动性，把教学管理工作单纯地理解为上级对下级，管理人员对教师、学生的行政管理，按部就班、不假思索地照章办事，缺乏对管理工作目的、动机的了解，缺乏服务意识、平等意识，忽视学生和教师的主观感受。因此，只有树立管理的服务意识，做好管理者与被管理者之间的角色转换，重视学生和教师的意见和建议，虚心接受学生和教师的评价与监督，积极为学生的学习和教师的教学与发展提供一切条件，才能充分发挥教学管理为教学服务的作用。

（2）提高管理者的素质，为教学质量的提高做好后勤保障工作。教学管理是教学工作中至关重要的环节，行之有效的管理工作是提高教学质量的助推器。因此，管理人员的整体素养直接影响着管理的质量和水平。教学管理从宏观和微观两个层面决定着教学质量的生成和提高，包括对学生的学习过程、教师的教学活动的约束和调节。其中，管理者的素质对管理水平的高低起着决定性的作用。这就要求我们在建立健全管理制度的同时，要紧抓管理者队伍建设，完善选拔和用人机制，出台绩效工作考核制度，培养管理者的学习自觉性、工作责任心，不断提高他们的业务水平和服务意识，进而做好教育教学活动的保障工作，推动学校教育教学水平的提高。①

（3）发挥学生的主体作用，建立“学生评学”的体系。法学教学的重点，并非仅仅传授某种专门的知识，而是启发思想，培养学生自主学习和应用法学知识的能力，从而使学生面对复杂多变的社会、面对机遇和挑战，能够批判性地思维，积极主动地学习和掌握新的知识与技能，创造性地开展工作。要培养学生的创新精神和创新能力，就必须要通过各种活动和激励制度，激发学生的学习兴趣，重视他们在学习中的主体作用，强调其自主、自治和自觉的学习，变要我学为我要学，自己对自己的学习负责；并倡导以课程中拟探讨的问题为纽带建立起合作式的学习方式，即学生之间互相帮助、互相学习、相互促进和相互制约的学习机制。开展学生自己对自己的评学活动和学生之间的评学活动，主要从学习态度、学习效果两方面来使学生学会评价自己和他人的学习。例如，在学习态度指标内，可设置学生投入学习的时间和精力、是否进行了预习和复习、上课时是否注意听讲和积极思考问题以及回答问题、是否完成一定量的作业等；在学习效果方面，则可考核是否清楚所学课程的主要内容和重点，所学习的内容是否有助于进一步地学习和追踪学科前沿知识以及探索未知的知识和研究领域，是否激发了求知欲，理解问题、分析问题和解决问题的能力是否得到了提高，是否增强了与他人的合作和交流能力等。

（4）开展师生评价，促进课程设置的优化和教学环境的改善。课程设置是否科学合理，直接影响到学生的知识基础掌握程度和创新能力的提高。通过课程学习不仅要使学生掌握知识，建构起结构合理、基础扎实、知识面宽、适应性强的知识体系，更重要的是要学会应用知识和创造知

---

① 辛静：“师生评价教学管理理论初探”，载《黑龙江教育学院学报》2014年第8期。

识，在学习的过程中培养创新思维、创新精神、创新能力和实践能力。科学合理的课程设置将为每一个学生的自我提高、自我发展提供广阔的空间，为教师的个性化教学搭建平台。以问卷调查和座谈会的方式，通过师生对课程体系的构成、教学内容的优化，各类课程设置的合理性、课程的安排、课程与课程之间的关系及衔接，考核的形式和要求，教材的选用，教学模式，以及教学条件及环境等内容进行评价，从而进一步优化和规范课程设置与教学，促进课程教学改革。同时营造出一个宽松、自由的教学环境和学术氛围，更有利于激发学生的学习兴趣和参与性，调动教师的积极性，提高课程教学的质量和管理水平。

（二）校内的评价与校外的评价相结合

1. 内部评估系统

内部评估系统是高等学校内部的教学质量评估系统，是学校管理部门根据自身教学目标定位和教学规范标准，通过对教学过程的系统检测与考核，作出相应的价值判断。其目的是改进教学、加强管理，具有鲜明的自我完善和自我提高性质。

从纵向看，第一层次为校级评估，这是相对宏观层次的评估。通过校级评估，可判断学校教学工作的整体运作态势，对全校的人才培养过程及其质量进行全面的综合诊断，找出存在的问题，为学校调整发展目标和方向、选择发展方式、制定相应的政策和措施提供依据，从而保证人才培养质量。第二层次为院（系）级评估，这是对学校一个局部教学工作的综合性评估。通过检查、评估，准确了解院（系）教学活动和教学管理情况，有利于促进院（系）明确法学院指导思想，改进办学条件，加强教学基本建设，深化教学改革，提高管理水平。第三层次为教研室自评自测。这一层次的评估是相对微观层次的教学评估，也是整个校内教学工作评价的基础。通过自评，可更加深入地了解教研室、实验室师资结构、课程体系、教学过程、考试及考试改革、实验室管理等方面的情况，为学校和院（系）改进工作、深化改革、改善管理提供依据。

从横向看，一方面是评教工作，即对教师教学质量进行评估。通过开展由学生、同行、专家（督导）、领导相结合的教学质量评估活动，从教学思想、内容、方法、效果等方面评价教师的教学质量和效果，根本目的是向教学过程要质量，对教师的教学过程即备课、课堂教学、辅导答疑、批改作业、试题评卷等是否达到教学目标要求作出判断，对实现教学目标的程度作出鉴定，对存在的问题作出诊断，从而激励教师提高教学质量。另一方面是评学工作，即对法学学生学习质量进行评估。采取考试、各类技能大赛、社会实践、撰写论文等多种方式，以及专家、教师、学生自评等多层次、全方位评估，对学生知识、能力、素质诸多方面进行测试与考核，全面地评价学生的综合素质，根本目的是向法学学生学习要质量，树立良好学风，促进全面素质、创新能力的培养。

2. 外部评估系统

我们认为，高校本科教学质量内部评价，主要是由高校自身来开展，是为了高等学校的进一步发展，是评价权力在学校、评价主体是学校、评价目的为学校的一种内部评价。莱威认为："学校自评是一个学校自发进行的，由学校内部职员参与的，其评价结果用来满足学校内部目标，而不是为外部机构服务的活动。"① 当然，外部评估也是不容忽视的意见源。外部评估是政府、社会、市场、学生、家长对高等教育质量进行的监控，其更为关注高等教育质量的外在目标，关注毕业生的质量，使毕业生更能较好地适应社会、市场的需求。

（1）政府机构评估。政府机构的评估以教育行政部门的评估为主，是作为一项行政工作来开展的，属于行政性评估。自 1996 年以来，国家教育部对高等学校分门别类地进行了本科教学工作合格评估、优秀教学工作学校评估、随机性水平评估和教学工作水平评估，这标志着具有中国特色的高等教育评估体系框架已基本形成。通过评估，较好地推动了高校教学基

---

① 徐薇薇、吴建成、曾德伟："试论高校教学质量评估系统的构建"，载《江苏工业学院学报（社会科学版）》2007 年第 2 期。

本建设，使各级政府主管部门更加重视教学工作，加大了教学经费的投入；高校也进一步明确了办学思想，对保证教学质量、提高办学水平、深化教学改革、形成学校特色等方面起到了积极的推动作用。

（2）中介机构评估。中介性评估机构有三个主要特征：一是独立性，既不代表学校，也不代表政府，而是独立地进行评估，并对所提供的评估信息直接负责。二是科学性，它从评估时间的选择、人员的构成到技术的运用、结果的处理等，都必须缜密思考和科学行事，在社会上享有较高的声誉。三是公正性，它是独立的专业服务机构，视政府、高校及社会各方面为平等的服务对象，只有对评估对象作出实事求是的评估，才能在市场中求得生存，才能树立其服务信誉，才有其存在的价值。

3. 内外部评估相结合的教学质量评估体系

学校内部评估系统虽然有利于体现办学的理念和坚持学术标准，但同时也容易出现培养目标脱离社会需求的现象。外部评估系统更能较好地体现市场的需求，但又容易出现人才功利化的倾向。因此，只有将内部评估与外部评估两种机制有机地结合起来，用评估作为机制运行的手段，构建教学质量评估系统，才能真正保证人才培养质量。

要建立内部自评为主、外部他评为辅的双重评价。既然高校是发展的主体，那么高校自身就必须是评价的主体。一方面，权利与义务、权力与责任始终是对等的，在享有更大自主权的同时，高等学校必须进行更多的自我评价、自我约束和自我调整。另一方面，更重要的是，只有当高等学校发展的自我保障机制建立、完善并运转起来，高等学校自觉加强并持续地成功自评和调整，才标志着高等学校主体地位的真正确立。因为真正的主体地位并不是外在赋予的，而是依靠自身的主体能力建立起来的。当然，适量的高水平的外部评价，具有客观、独立、超脱的特性，可以有效匡正主观性过强的学校自评，形成有益的平衡。二者的互补才是教学质量得到提高的必由之路。

（三）近期的评价与长远的评价相结合

学校对法学教师教学质量的评估，一般只能做到近期评估。但是大学阶段的法学教育基本上只打基础，培养基本素质，而学生今后的发展，又与大学阶段的教育效果有直接关系，甚至可以认为大学阶段的教育效果对学生今后的发展有决定性的作用。并且，大学阶段的教育应主要是基础理论的教育，在这一阶段学生对本专业的基础理论掌握得好，今后发展就有了较强的后劲。特别是近年来我们强调大学法学阶段的培养目标应该是深基础、宽专业、复合型的，就是为学生将来的发展准备好基础理论知识，让学生离校后走上工作岗位能够具有“后发优势”。但是在学生离校走上工作岗位后，一般地说，学校不太可能对毕业生的质量作跟踪评价。所以对学生的教学质量及教学的长远效果进行评价几乎是不可能的。如果要对学校的整体教学质量进行评价，就有必要做这方面的工作。一般可以采取对毕业生工作单位的调查，以及对走上工作岗位后的毕业生进行一定规模的抽样问卷调查，来得到有关这方面的数据，再根据这些数据进行整理和分析，可以体现学校对学生的教学质量水平。如美国的斯坦福大学、麻省理工学院所培养的 MBA 人才，以及清华大学所培养的院士数量，就是这方面的体现。但是这肯定是在学生毕业后几年甚至几十年后才能得到体现的。如果一个高校的奋斗目标是成为强校或名校，这方面的评估又是必不可少的。①

（四）对教师教学效果的评价与对教师个人素质的评价相结合

教师专业发展是教学质量得以保证的基础，在以教师专业发展为目的的评价中，教师无疑是这一活动中的评价主体。相对于完备的实施方案和流畅的实施过程，教师的自我反思显得尤为重要。这是一个基于过去、立足现在、面向未来的反思过程。反思过去的工作表现，有助于教师合理定位适于自己需要和实际条件的发展目标；反思当前的工作表现，有助于教师找出差距，及时进行自我调整；在此基础上，教师可以在学校整体目标

① 汪威毅、万晓兰：“高校教学质量评估体系科学化的思考”，载《福州大学学报（哲学社会科学版）》2001 年第 S1 期。

的基础上为自己确立更高的未来发展目标。

对教师评价工作本身的反思即对教师评价的再评价，包括对评价活动全方位的反思：反思教师评价活动的开始，看评价的出发点是否出于促进教师专业发展的目的，使评价者和评价对象对评价的初衷和目的有一个更深入的认识；反思教师评价活动的过程，看评价的标准、内容、手段是否渗透了“发展性”的理念，使评价者和评价对象在下一次评价活动中，不断改进评价方法，不断调整评价重心，不断优化评价过程；反思教师评价活动的结果，看评价是否真正促进了教师的专业发展、教师是否发生了变化。当然，这是一个循序渐进的过程，绝不是一朝一夕就能根本改变的；但是，通过这种持续不断的反思，评价者和评价对象能够发现不足、找出问题，也是弥足珍贵的。

教师本身要通过自我反思，增强内省的自觉性，使自身的专业素质和水平不断得到提高和发展。评价者和评价对象通过反思活动本身，实现对教师评价的再评价，使评价工作在动态生成中得以不断改进和完善。也正是从这个意义上来说，反思并不是发展性教师评价最后的一个实施步骤或活动环节，而是贯穿整个评价活动的始终；同时，这项工作也意味是一个连续不断的发展过程，一旦开始，可能永远都不会结束。而这一点恰恰符合了其“发展性”的核心理念。①

要重视对高校学生学习效果的评估。在国外，教学质量外部评估过程始终注意以学生为中心的教学理念，在教学质量评估中将评学置于评教之上。虽然两者都是对高校法学教学质量作出的价值判断，但是将教作为重点的评估多把价值判断放在如何教、怎么教的评估上，而将学作为重点的评估则多是关注学生如何学、学多少的评估。以教为中心的评估重点多放在对教师的质与量、学生拥有图书的数量、教学辅助设施完善与否等方面的评定上。而以学为中心的评估的主要目的多放在学生培养的质量方面，

---

① 朱萌：《本科高校教学质量内部评价研究》，河南大学2007年硕士学位论文。

所评估的内容多集中在对一些外部教学条件的利用水平上，如学生对教师所讲授课程的接受情况、学生对图书的实际利用情况、学生技能获得情况等方面，注重学生学习的成效。

国外教学质量评估所利用的一些评估工具突出的就是以学生学习为重点。如对毕业生表现进行追踪调查，就是侧重于评估学生在学校的学习效果在社会上得到的认可程度。评估的一个重要功能就是服务，进一步说就是为社会和个人提供有关高校人才培养水平的参考，从这个角度上说，适度地注意学生在评估中的参与，关注学生学习效果，会使教学质量外部评估更容易得到社会的认同。①

（五）对教师个人教学质量的评估与对学校教学质量的评估相结合

教师教学质量评价是一项复杂、细致、政策性较强的工作，它关系到对学校整体教学质量的评价，涉及每个教师的声誉和切身利益。任何单一性的评价主体要想对教师教学质量作出全面而科学的评价，都是极其困难的，如果笼统地采用不同主体根本不了解的评价信息，势必会影响教师教学质量评价的可信度。②

最大限度地提高课堂教学质量是我们的永恒追求。怎样的法学教学才是有效的、高质量的法学教学，衡量法学教学质量的标准是什么，都是广大教学工作者无法回避的话题。我们应该从教学目的、教学方法、教学效果三方面来衡量。

教师是否按教学目的进行教学是衡量教学质量高低的首要标准。教育目的比较集中地反映了一定社会对学生的要求。教育部、中央政法委员会《关于实施卓越法律人才教育培养计划的若干意见》就指出了我国现阶段的法学教育的目的是：培养造就一批信念执着、品德优良、知识丰富、本

---

① 史琦：《澳大利亚高校教学质量外部评估体系研究》，华中师范大学2010年硕士学位论文。

② 杨海飞、吴彤："论大学生教学质量评价胜任能力——基于实证研究"，载《人力资源管理学》2014年第7期。

领过硬的高素质法律人才。为此，法学教师在教学过程中应该贯彻以“信念执著、品德优良、知识丰富、本领过硬”十六字标准培养卓越法律人才，这也是考察教师是否按教学目的进行教学的基本要素。法学教师是否让学生学到以法律知识解决实际问题的方法是衡量教师教学质量高低的重要标准。在实际教学中，法学的实践性特征要求老师做到既传授知识又着重培养学生解决问题的能力。有的教师虽然也知道培养学生能力的重要性，但是由于一些客观因素，以及在各种考评压力、就业率压力等的影响下，往往将注入式、填鸭式的教学作为自己的首选；从短时间来看，学生确实掌握了一定的知识，但因为没有学会以法律知识解决实际问题的方法，缺乏法律实务能力，从长远来说，这是一种低质量的教学，是经不起社会职业的考验的。教学效果是衡量教学质量的客观标准。从某种程度上讲，基于专业的特殊性，法学专业的自我评估比学校的整体评估可能更有说服力。